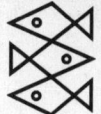

Jeden Tag sterben in Deutschland ca. 2500 Menschen. Fragt man danach, in welcher Umgebung sich der einzelne seinen Tod wünscht, so möchten 90 % der Menschen zu Hause sterben, begleitet von Familienangehörigen, Freunden oder vertrauten Bekannten. 90 % der Menschen allerdings sterben im Krankenhaus, im Altersheim oder auf einer Pflegestation. Sterben wird heute tabuisiert. Ursachen für die Abschiebung des Sterbenden ist oft die Angst vor dem fremden Vorgang. Die Folge: Der Sterbende wird allein gelassen und in eine unnötige Einsamkeit abgeschoben, während die Angehörigen versuchen, sich der Auseinandersetzung zu entziehen und unter Schuldgefühlen leiden. Ein liebevolles Voneinander-Abschied-Nehmen ist so häufig nicht möglich. Vor dem eigentlichen Tod steht somit der soziale Tod.

Dieses Buch bietet den Sterbenden wie auch den Angehörigen Hilfe. Es klärt auf, was Sterben und Tod in psychischer und physischer Hinsicht bedeuten, welche Ängste, Wünsche und Bedürfnisse Sterbende und ihre Angehörigen haben und wie sie artikuliert werden können. In Interviews kommen Sterbende (in Gesprächen mit Sterbebegleitern), Hospizhelfer, Pfleger und Angehörige zu Wort und berichten von ihren Erfahrungen. Die Arbeit der Hospize und Palliativstationen als Orte eines »anderen« Sterbens wird vorgestellt.

Das Buch enthält Anschriften von Hospizvereinen und Hilfsorganisationen.

Brigitte Bohnhorst, geboren 1948 in Bremerhaven, lebt als Autorin in Worpswede. Ihr erster Ratgeber »Leben mit chronischem Schmerz« erschien 1997.

Brigitte Bohnhorst

Laß mich los –
aber nicht allein

Ein Ratgeber
zur Sterbebegleitung

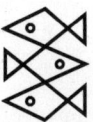

Fischer
Taschenbuch
Verlag

Die Angaben zur Pflegeversicherung und zu den Hilfsmitteln zur
häuslichen Pflege in diesem Buch sind auf dem Stand Juli 1997.
Da sich diese Daten ändern können, erkundigen Sie sich bitte bei
Ihrer Krankenkasse nach den neuesten Sätzen und Bedingungen.

Originalausgabe
Veröffentlicht im Fischer Taschenbuch Verlag GmbH,
Frankfurt am Main, Juli 1997

© 1997 Fischer Taschenbuch Verlag GmbH, Frankfurt am Main
Gesamtherstellung: Clausen & Bosse, Leck
Printed in Germany
ISBN 3-596-13531-1

Gedruckt auf chlor- und säurefreiem Papier

Inhalt

Danksagung

Viele Menschen haben mich bei meinen Recherchen unterstützt, ihnen möchte ich danken.

Mein besonderer Dank geht an diejenigen, die durch ihre Beiträge u. ä. zum Gelingen dieses Buches beigetragen haben. Ihre Ausführungen sind namentlich gekennzeichnet oder auf Wunsch anonym geblieben. Ich danke der Wümme-Zeitung für einen Artikel über meine Berichtsuche. Pastor Dieter Tunkel von der Bremer Hospiz-Hilfe und Herr Felix Sommerlik vom Hospiz Verein Hombre in Bremerhaven halfen mir durch Informationen über die Hospizbewegung, Herr Ulf Franzke aus Worpswede beriet mich in den Bestattungsfragen. Mein Dank schließt Dr. Risch aus Worpswede und Frau Dr. Schroeer aus Lilienthal sowie die Internationale Gesellschaft für Sterbebegleitung und Lebensbeistand e. V. Bingen (IGSL) mit ein.

BRIGITTE BOHNHORST

Vorwort

Dr. med. Hubertus Kayser

In den letzten Jahren kehrt das Thema »Sterben und Tod« auch in Deutschland in das Bewußtsein der Menschen zurück. Das war nicht immer so. Wurde und wird doch der Tod von vielen verleugnet, obwohl wir ihm tagtäglich in den Medien oft hautnah begegnen, wenn Krieg, Katastrophen, Unfälle und Schwerstverbrechen uns in unsere Wohnzimmer flimmern. Die Auseinandersetzung mit Sterben und Tod im Familienkreis und in der Nachbarschaft oder gar das Denken an die eigene Endlichkeit werden hingegen verdrängt.

Wir schieben Sterbende und Todkranke oft aus Angst und Hilflosigkeit in Pflegeheime und Krankenhäuser ab, wo sie vermeintlich von Menschen betreut werden, die mit dieser Situation besser zurechtkommen. Aber auch Schwestern und Ärzte sind hoffnungslos überfordert, da eine Ausbildung oder Sensibilisierung für den Umgang mit Sterbenden den Pflegenden kaum, den Ärzten in ihrem Studium überhaupt nicht vermittelt werden. Hinzu kommt, daß Sterben und Tod für Ärzte immer auch ein Eingeständnis eigenen Versagens beinhaltet, da sie ja mit dem Anspruch antreten, Krankheiten kurieren, also heilen zu wollen. So bedeutet Sterben in unserer Gesellschaft oft Isolation, Alleingelassen- und Abgeschobensein in eine Institution, die nicht auf das Sterben eingerichtet ist.

Wir haben es vor allem der Hospizbewegung, die nun nach über 20jähriger Verspätung auch in Deutschland immer mehr Anhänger findet, zu verdanken, daß Sterben als ein Teil des Lebens betrachtet wird.

Unter einem Hospiz verstand man im Mittelalter eine Herberge, die Pilgern auf ihren langen Reisen Gastfreundschaft und Unterstützung gewährte. Eine Wegstation, die Sterbende

9

auf dem Weg vom Krankenhaus nach Hause, aber auch auf ihrem letzten Weg begleitet, schuf die englische Sozialarbeiterin, Krankenschwester und Ärztin Cicely Saunders 1967 mit der Eröffnung des ersten modernen Hospizes, das St. Christopher in London. Grundidee ist, das Thema »Tod und Sterben« nicht weiter zu tabuisieren. Statt dessen will man, um nur einige wenige Aspekte herauszugreifen, dem Sterbenden ermöglichen, in seiner ihm vertrauten Umgebung zu sterben, die Angehörigen stützen, in ihrer Trauerphase begleiten und die Schmerzen des / der Schwerstkranken so bekämpfen, daß er / sie schmerzgelindert bei erhaltener Wachheit den letzten Lebensabschnitt bewußt erleben kann.

Dieses Buch richtet sich an alle Menschen, die neben der nackten Vermittlung von Information zum Thema »Tod und Sterben« einfühlsam Hintergründe erfahren und Wege aus dem Dilemma aufgezeigt bekommen wollen. So ist es sowohl in der konkreten Situation nützlich, als auch als Plädoyer für eine würdevollere und humane Sterbepraxis in Deutschland zu sehen.

Getreu dem Motto von Dame Cicely Saunders:
Sie sind wichtig, weil Sie eben *Sie* sind.
Sie sind bis zum *letzten* Augenblick Ihres Lebens wichtig, und wir werden alles tun, damit Sie nicht nur in Frieden *sterben*,
sondern auch bis zuletzt *leben* können.

Dr. med. Hubertus Kayser, Jahrgang 1956, ist Anästhesist und Schmerztherapeut in einer Gemeinschaftspraxis mit angeschlossener Tagesklinik in Bremen. Erste Berührungspunkte mit dem Thema des Buches hatte er als Mitarbeiter einer Intensivstation und in der Schmerzbehandlung von Krebspatienten. Vor seiner Niederlassung leitete er mehrere Jahre ein Schmerzzentrum und war maßgeblich am Aufbau einer Palliativstation im Rahmen eines Modellprojektes des Bundesministeriums für Gesundheit beteiligt. Er ist Gründungsmitglied der »Deutschen Gesellschaft für Palliativmedizin« und eines Hospizvereins.

Was bedeuten Sterben und Tod
in physischer und psychischer Hinsicht?

Ein jegliches hat seine Zeit,
und alles Vorhaben unter dem Himmel hat seine Stunde:
geboren werden hat seine Zeit,
sterben hat seine Zeit.

SALOMO

Kaum einer mag die Frage stellen, doch jeder möchte wissen, was beim Sterben vor sich geht. Für die meisten Menschen bleibt der Tod eine Sache, die sie ängstigt, die sie gerne verdrängen. Doch nichts ist uns so gewiß wie das Sterben und der Tod.

In Würde sterben, das möchten wir alle. Doch wie geht das: In Würde sterben? Was versteht der einzelne unter der Würde seines eigenen Sterbens? Das Bemühen um Würde scheitert, wenn der Körper den Sterbenden im Stich läßt und vielleicht auch die Situation eintritt, daß er schrittweise seine Persönlichkeit verliert. Ein Großteil der todbringenden Krankheiten haben gemeinsame Merkmale, die den lebensbeendenden Prozeß einleiten oder bestimmen. Es sind Kreislaufstillstand, mangelnde Sauerstoffversorgung der Organe, Aussetzen der Gehirntätigkeit, Absterben einzelner Organe und schließlich das Erlöschen vitaler Zentralfunktionen. Jeder stirbt seinen eigenen Tod, er ist nicht mit einem anderen vergleichbar. Nicht der Tod ist der Feind des Lebens, sondern die Krankheit, die zu ihm hinführt.

Was ist der Tod? Das Gehirn und auch alle anderen Zellen sterben langsam ab, selbst die gerade erst im Knochenmark entstandenen. Der schrittweise Zerfall von Organen und Gewebe in den Stunden vor und nach dem Tod stellt den eigentlichen biologischen Prozeß des Sterbens dar.

Das älteste erhaltene Medizinbuch der Welt, das *Huang Ti Nei Ching Su Wen*, ist vor ungefähr 3500 Jahren entstanden. In ihm erklärt der gelehrte Arzt Chi Po das Sterben folgendermaßen: »Wenn ein Mensch alt wird, werden die Knochen trocken und spröde wie Stroh (Osteoporose), das Fleisch wird schlaff, in der Brust sammelt sich Luft (Emphysem), und er bekommt Schmerzen im Bauch (chronische Verdauungsstörungen); ein unangenehmes Gefühl plagt das Herz (Angina pectoris oder Herzrhythmusstörungen), das Genick wird steif, und die Schultern hängen herab, der Leib glüht vor Fieber (häufige Entzündungen der Harnwege), die Knochen treten durch das Fleisch hervor (Schwund an Muskelmasse), und die Augäpfel quellen aus den Höhlen. Wenn dann der Puls der Leber zu sehen ist (Insuffizienz der rechten Herzkammer) und das Auge keine Naht mehr zu erkennen vermag (Star), dann schlägt der Tod zu. Wenn ein Mensch seiner Krankheiten nicht mehr Herr wird, ist das Ende des Lebens nahe; die Zeit des Todes ist gekommen.«[1]

Die meisten Menschen sterben anders, als sie es erwartet haben. Einigen ist ein bewußter, friedvoller Abschied möglich, manche sterben schnell und fast schmerzfrei. Doch meistens ist das Sterben ein mühsamer Vorgang, das Ende einer Zeit angefüllt mit seelischen und körperlichen Qualen.

Ein einigermaßen würdevolles Sterben ist am ehesten möglich, wenn ihm ein würdevolles Leben vorausging. Dazu gehört aber auch, daß der Sterbende weiß, daß man ihn im Sterben nicht allein läßt. Wichtig ist auch Ehrlichkeit gegenüber dem Sterbenden. Abschied von allen nahestehenden Menschen und Dingen kann man nur nehmen, wenn man weiß, daß man sterben muß. Man sollte die Umstände kennen, die den bevorstehenden Tod ausgelöst haben. Der Sterbende sollte seine Angehörigen nicht aus falscher Rücksichtnahme

---

1 Sherwin B. Nuland: Wie wir sterben. Kindler, München 1994, S. 122

schonen. Sie vergrößert nur die Einsamkeit in der Sterbephase.

Noch etwas anderes löst die Einsamkeit aus oder verstärkt sie. Viele Ärzte empfinden eine große Hilflosigkeit, wenn sie sich einem todkranken Menschen gegenübersehen. Diese Hilflosigkeit macht sie zornig. In ihrer Ausbildung haben sie nur gelernt, Krankheiten zu heilen. Niemand hat ihnen beigebracht, den Tod als eine natürliche Sache zu akzeptieren. Die Betreuung von Todkranken wird erst an wenigen Universitäten gelehrt. Für viele Mediziner bedeutet ein sterbender Patient eine Anklage, versagt zu haben. So werden Dinge für den Patienten getan, die er nicht mehr braucht, die ihm unter Umständen ein ruhiges oder würdevolles Sterben unmöglich machen. Der Arzt hat für sich nur das Gefühl, bis zur letzten Minute »etwas getan« zu haben. So wird oft eine Behandlung um der Behandlung willen fortgesetzt. Die Geräusche der Hilfsmittel wie Bildschirme, Sauerstoffapparate, hydraulische Matratzen, Überwachungsgeräte usw. sorgen für eine Atmosphäre, die ein Sterben in Frieden unmöglich macht. Auch den Angehörigen erschweren sie den Abschied und nehmen wertvolle Erinnerungen. Mit Lebensqualität für den betroffenen Patienten hat es oftmals nichts mehr zu tun.

Sterben in Würde bedeutet auch: beim Sterben Menschen um sich zu haben, die einem im Leben etwas bedeutet haben. Zum Sterben gehören Ruhe, aber auch Geräusche wie Musik, wenn der Sterbende sie geliebt hat. Um ihn herum sollte alles möglichst so sein, wie er es mag. Dazu zählen nicht die Errungenschaften der modernsten Technik.

In früheren Zeiten war die letzte Stunde ein feierlicher, heiliger Augenblick für alle Beteiligten. Wenn es möglich war, versammelten sich alle Familienangehörigen und die Freunde bei dem Sterbenden. Es war eine »wahre Begleitung«, und der Sterbende hatte bis zuletzt die Möglichkeit, Abschied zu nehmen. Es war ein Sterben in Geborgenheit, ohne Einsamkeit. Für die Angehörigen war dieser Abschied ein Trost und ein erster Schritt in der Verarbeitung ihrer Trauer.

Es ist keine unterlassene Hilfeleistung oder aktive Sterbehilfe, wenn man einem Menschen einen natürlichen Tod ermöglicht. Da aber eben auch Ärzte nur Menschen sind, die wie alle anderen ihre Probleme mit den Niederlagen haben, sollte jeder einzelne frühzeitig selber festlegen, wann eine Behandlung abzubrechen ist. Dazu dienen Patiententestamente, die z. Zt. aber noch nicht von allen Ärzten akzeptiert werden. Wichtig ist es daher auch, in diesem Testament einen Betreuer zu bestimmen, falls man selber nicht mehr in der Lage ist, für sich zu sprechen. Das Thema Patiententestament wird an anderer Stelle ausführlich behandelt. Fragen Sie den behandelnden Arzt frühzeitig, ob er bereit ist, seinen Patienten bis zuletzt zu begleiten. Es ist nicht selbstverständlich, manche Ärzte verweigern sich. Für den Sterbenden ist es ein Schock, wenn der vertraute Arzt nicht mehr kommt, weil der Patient »austherapiert« ist.

Die Würde, die wir im Sterben suchen,
müssen wir in der Würde finden,
mit der wir gelebt haben.
SHERWIN B. NULAND

Der alte Baum

Er maß viele Jahresringe, und sein verwitterter Stamm widerstand ungebeugt den Stürmen. Unzählige Jahre bot sein Schatten der Birke und ihren Trieben Schutz. Er hatte ihre Abkömmlinge wachsen sehen, rauschend sein Blätterdach über sie gebreitet.

Doch sie waren nicht so stark wie er, ein Herbststurm zerbrach sie. Der Wald wurde für ihn leer, er empfand ein Gefühl der Nutzlosigkeit. Eines Tages kamen die Männer mit der weißen Farbe. Sie markierten die alten Bäume, gruben sie großflächig aus und versetzten sie an einen anderen Standort. Eine Armee knorriger Bäume.

Der Alte fühlte sich abgestellt, in Warteposition. Er hatte nie gerne gewartet. Er beschloß im Sommer seine Blätter abzuwerfen und ließ seine Wurzeln verdorren.

Im Herbst kamen wieder die Waldarbeiter. Ihre Axtschläge trafen den Alten und hallten durch den Wald. Die anderen Bäume rückten ein Stück näher zusammen und blieben doch jeder für sich allein, auf das Ende wartend.

Die Phasen des Sterbeprozesses

»Nascentes morimur: finisque ab origine pendet.
(Schon bei der Geburt beginnt der Tod:
und das Ende ist mit dem Anfang
unlösbar verbunden.)«

MARCUS MANILIUS (RÖMISCHER DICHTER)

Wenn man über den Tod nachdenkt, beginnt man ihn zu akzeptieren. Durch die Auseinandersetzung mit der eigenen Sterblichkeit gewinnt man eine neue Lebensqualität. Doch bis dahin ist es ein weiter Weg. Der Gedanke an den Tod wird oft verdrängt: Man ist ja noch so jung, hat keine Zeit, so viele Pläne und überhaupt...! Der Tod trifft immer nur den anderen.

Dann plötzlich, von einer Sekunde zur anderen, steht sein Schatten neben einem. Ein Angehöriger, ein Freund befindet sich an der Schwelle zum Tod, oder man selbst hat gar eine Diagnose gestellt bekommen, die einem den nahenden Tod vor Augen führt. Und auf einmal stellt man fest, »Freund Hein« ist kein Freund, er ist der größte Feind.

Im Raum steht plötzlich nur eine Frage: »Warum gerade ich/er?« Elisabeth Kübler-Ross beschrieb in ihren Büchern die verschiedenen Phasen, die Sterbende durchleben: die Verzweiflung, die Wut, den Versuch zu verhandeln, die Depression und schließlich den Zustand des Akzeptierens. Alle diese Phasen durchleben in ähnlicher Form die Angehörigen und Freunde und später die Menschen in der Trauerzeit. Es braucht seine Zeit, die Krankheit und schließlich den Tod zu begreifen.

Wenn der Patient die Diagnose erhält, wird er wahrscheinlich erst einmal versuchen, die Tatsache zu verdrängen. Er wird sie ignorieren oder verschiedene Ärzte aufsuchen, in der Hoffnung, daß die Diagnose ein Fehlurteil ist. Irgendwann aber muß er sich der Wirklichkeit stellen. Zu der Frage »Warum denn gerade ich?« kommen Verzweiflung und auch Wut. Der Patient ist zornig, weil ihm die Zukunft genommen wird. In dieser Phase brauchen die Angehörigen besonders viel Geduld und müssen verstehen lernen, daß die Aggressionen nicht gegen sie persönlich gerichtet sind.

»Warum gerade ich?« meint meistens »Warum jetzt?« Lassen Sie den Patienten diese Frage stellen. Fragen Sie ihn: »Was bedeutet es jetzt für dich?« Vielleicht gelingt es ihm, dadurch seine Ängste und Empfindungen auszudrücken und darüber zu sprechen. Die Aussagen des Patienten zeigen Ihnen womöglich auf, in welcher Richtung Sie ihm helfen können. Sagen Sie ihm auch, daß Sie seinen Zorn verstehen, daß es Ihnen genauso ergehen würde, wenn Sie in seiner Lage wären. Sie helfen ihm damit.

Es folgt die Phase des Verhandelns. Der Patient erhofft sich vom Schicksal eine bestimmte Frist, um Dinge, die ihm wichtig sind, noch zu erledigen. Vielleicht verspricht er Gott, sich zu bessern, wenn er ihn nur länger leben läßt.

Eines Tages fragt Sie der Patient, wie lange er noch zu leben hat. Sagen Sie ihm, daß niemand diese Frage beantworten kann. Manche Ärzte nennen aufgrund ihrer Erfahrungen einen Zeitpunkt. Doch bei jedem Menschen verläuft das Sterben anders. Wichtig ist es schon, die Dinge, die einem auf der Seele liegen, bald zu erledigen. Vielleicht ist ein Termin für manchen Patienten wichtig, damit er weiß, welche Mindestzeit ihm bleibt. Aber auch sie läßt sich nicht vorhersagen.

Mit einer Terminsetzung kann aber auch jegliche Hoffnung genommen werden. Wenn sich der Termin nähert, warten alle auf den Tod – der vielleicht nicht eintritt. Es ist für den Patienten und für die Angehörigen ein gewaltiger Streß. Statt die verbleibende Lebenszeit zu nutzen, ist sie nur mit Angst besetzt. Bei Krebspatienten ist es schon zu Spontanheilungen gekommen, zwar selten, aber es gibt sie. Man soll einem Menschen keine falschen Hoffnungen machen, aber es wäre unverantwortlich, ihm jede Hoffnung zu nehmen. Es ist natürlich sehr schwierig, den richtigen Weg zu finden. Der Patient wird spüren, wenn es dem Ende zugeht, und wenn Sie ihm zuhören und mitfühlen, werden Sie es auch erfahren.

Auf die Zeit des Verhandelns folgt die Zeit der Depression. Der Patient trauert um das Vergangene, er verliert immer mehr das Interesse an seiner Umwelt. Er nimmt weniger an der Außenwelt teil, zieht sich in sich zurück. Seine persönliche Trauer beginnt, und er erreicht den Zustand des Akzeptierens. Diese Phase zu bewältigen gelingt ihm leichter, wenn auch die Angehörigen und die Ärzte es schaffen, sie zu erleben. Wir alle müssen den Tod akzeptieren, denn jeder von uns muß sterben.

Es gibt allerdings Patienten, die auf der Stufe des »Nichtwahrhabenwollens« stehenbleiben. Bis zum Tod verleugnen sie ihr Sterben. Als Außenstehender müssen Sie das akzeptieren und dürfen diese Haltung nicht gewaltsam zerstören, nur weil Sie die Aussprache über das Sterben und den Tod brauchen.

Die geschilderten Phasen müssen nicht in der Reihenfolge und nicht allesamt vorkommen. Jeder Mensch verhält sich anders.

Was kommt danach?

Jeder stellt sich diese Frage nach dem »danach«, vor allem wenn es auf das Lebensende zugeht. Doch wer kann uns diese Frage beantworten? Religiöse Menschen bekommen eine Antwort durch ihren Glauben. Auch gibt es viele Berichte über todesnahe Erfahrungen. Aber wird es wirklich einmal so sein, oder ist das »echte« Sterben nicht doch anders? Eine Antwort werden wir nicht bekommen. Es bleibt nur der Glaube an das, was wir uns wünschen.

> »Wissen wir denn, ob das Leben nicht das Totsein
> und das Totsein nicht das Leben ist?«

EURIPIDES

Die Angehörigen

Am Anfang steht die Frage: Soll der Patient erfahren, daß er sterben muß? Der Kranke hat das Recht zu erfahren, daß er unheilbar krank ist. Den Zeitpunkt, über Sterben und Tod zu sprechen, bestimmt er. Wenn er dazu bereit ist, wird er Fragen stellen. Dann sollen Sie ehrlich sein, ihm antworten, ihm zuhören und weitere Fragen zulassen. Sie haben nicht das Recht, ihn zu belügen und ihm die Möglichkeit zu nehmen, sich mit seinem Sterben und dem Tod auseinanderzusetzen.

Auf die Frage: »Muß ich sterben?« antworten Sie nicht mit einem kurzen »Ja«, sondern Sie fragen zurück: »Was glaubst du?« Aus seiner Antwort werden Sie hören, wie weit der Patient bereit ist, sich auf die Antworten einzulassen. Nehmen Sie sich immer Zeit, ihm zuzuhören. Wenn Sie eine Frage nicht beantworten können, reden Sie nicht darum herum, sondern sagen Sie: »Ich weiß es nicht. Was meinst du?«

Zeigen Sie Ihre Gefühle. Ihre Trauer, Angst und Verzweiflung brauchen Sie nicht zu verstecken. Treiben Sie den Patienten aber nicht in die Enge mit Sätzen wie: »Du darfst mich nicht verlassen. Wie soll ich es ohne dich schaffen?« Er *will* Sie schließlich nicht verlassen, er trauert um das bevorstehende Ende seines Lebens und kann es nicht verhindern. Machen Sie ihm nicht unnötig das Herz schwer. Besprechen Sie eher mit ihm, wie bestimmte Dinge später ohne ihn weitergehen sollen. Bitten Sie ihn um seinen Rat. Versuchen Sie nicht, es ihm auszureden, wenn er sein Testament machen und letzte Verfügungen treffen will. Helfen Sie ihm, seine Dinge zu ordnen, und drängen Sie ihm keine medizinischen Maßnahmen auf, die er nicht will. Wenn Sie nicht weiterwissen, wie Sie helfen können, fragen Sie.

Wenn er sagt: »Laß mich doch endlich sterben«, dann fragen Sie ihn und sich selber, warum er den Tod so herbeisehnt. Fühlt er sich einsam, hat er das Gefühl, Ihnen zur Last zu fallen? Dann haben Sie vielleicht etwas falsch gemacht, korrigieren Sie seine Gefühle. Leidet er unnötig unter Schmerzen? Wie Sie an anderer Stelle lesen können, gibt es heute alle Möglichkeiten in der Schmerztherapie. Niemand muß unter starken oder gar unerträglichen Schmerzen leiden. Eine völlige Schmerzbeseitigung ist oftmals nicht möglich, aber eine starke Reduzierung auf ein erträgliches Maß. Zur Not wechseln Sie den behandelnden Arzt, wenn Sie das Gefühl haben, Sie können sich mit ihm über eine ausreichende Schmerzbehandlung nicht einigen. Viele Krebspatienten haben übrigens bis zum Schluß überhaupt keine Schmerzen.

Es gibt natürlich auch Menschen, die Selbstmordgedanken äußern, weil sie ein solches Leben und Lebensende für »unter ihrer Würde« halten. Andere wollen mit den Äußerungen andere Menschen beherrschen und Druck ausüben. Eine Depression kann die Ursache sein, aber auch die von außen geäußerte unrealistische Hoffnung, eine Transplantation könnte noch helfen.

Manche nichtreligiöse Menschen nehmen ihre Endlichkeit ohne große Probleme an, möchten aber den in ihren Augen nutzlosen Sterbeprozeß abkürzen. Es gibt also schon selbstmordgefährdete Sterbende. Besprechen Sie die Situation mit dem behandelnden Arzt, und bitten Sie ihn um ein Gespräch mit dem Patienten. Andererseits müssen Sie jedem Menschen das Recht zugestehen, über sein Leben und seinen Tod selber zu bestimmen. Helfen Sie ihm nach Ihren Möglichkeiten, aber entmündigen Sie ihn nicht. Jeder muß seinen eigenen Tod sterben dürfen, ohne daß man den Prozeß des Sterbens künstlich verlängert. Selbstmordversuche sind bei todkranken Menschen übrigens äußerst selten.

Verlangen Sie von einem Schwerkranken nichts, was er nicht tun will. Lassen Sie ihn in Ruhe, wenn er es wünscht. Wenn es sich nicht um eine Depression handelt, braucht der Patient diese Ungestörtheit, um sich loszulösen. Für diesen Prozeß braucht er viel innere Kraft und auch seine innere Welt. Er kann sich dann nicht mit für ihn »banalen« äußeren Dingen abgeben.

Werden Sie aufmerksam, wenn der Sterbende von Erscheinungen verstorbener Familienangehöriger oder Freunde erzählt. Es sind keine Halluzinationen. Hören Sie zu, wenn er Ihnen erzählt, was er diesen Personen gesagt hat. Ist er bereit mitzugehen, oder hat er gesagt, daß er noch nicht kann, noch »etwas erledigen« muß? Aus mehreren Gesprächen mit Hinterbliebenen habe ich erfahren, daß diese »Erscheinungen« immer wieder auftreten. Oft waren die letzten Worte: »Ja, ich komme!« Sie galten nicht den Angehörigen, sondern den Erscheinungen. Es gibt viele Dinge zwischen Himmel und Erde, die wir uns nicht erklären können. Das heißt aber nicht, daß es sie nicht gibt!

Auch sehr kranke Menschen, die vor einer entscheidenden Operation stehen, wissen oftmals vorher, daß sie sterben müssen. Es gibt Ahnungen von einem unmittelbar bevorstehenden Tod oder »Beinahtod«, ich selber habe es persönlich erlebt. Was diesem Wissen zugrunde liegt, wissen wir nicht. Diese »Ahnungen« müssen wir aber ernst nehmen.

Der Sterbende weiß also, wann er sterben muß. Wenn er dann bittet, hergerichtet zu werden oder daß jemand gerufen werden soll, nehmen Sie diese Wünsche ernst.

Wenn ein Patient durch einen Schlaganfall o.ä. nicht mehr in der Lage ist, sich zu äußern, dann vergessen Sie eines nicht: Er ist oft noch in der Lage zu hören. Er kann Berührungen spüren und Signale geben, die wir empfangen und verstehen können – und müssen. Die »nichtverbale« Sprache ist oftmals am wichtigsten, häufig genügen Anwesenheit und Mitgefühl. Wenn ein Mensch nicht mehr sprechen kann oder will, bleiben Sie trotzdem mit Liebe, Zeit und Geduld bei ihm. Achten Sie auf seine Augen und andere Signale. Fühlen Sie sich in ihn hinein, auch Ihr Leben gewinnt dadurch.

Eine Form der »nichtverbalen« Sprache ist die Musik. Bieten Sie ihm seine Lieblingsmusik an, achten Sie auf Kleinigkeiten, dann werden Sie merken, ob er sie möchte oder nicht. Sie selber wissen, wie wohltuend in bestimmten Situationen des Lebens Musik sein kann.

Versorgen Sie einen Patienten, der sich nicht mehr äußern kann, mit der gleichen Liebe wie ein Baby. Wärme, Freundlichkeit und Zärtlichkeit werden in irgendeiner Form immer wahrgenommen.

Wenn Sie das Gefühl haben, daß der Patient noch etwas äußern möchte, es aber nicht mehr kann, geben Sie ihm eine Hilfestellung. Nennen Sie ihm Signale für »ja« oder »nein«. Stellen Sie einfache Fragen, versuchen Sie seine Bedürfnisse und Wünsche herauszufinden. Auch ein »sprachloser« Mensch möchte sich vielleicht über sein Sterben mitteilen. Nehmen Sie Körperkontakt auf und sagen zu ihm: »Es ist sehr schwer, nicht?« Durch Blickkontakt oder Händedruck wird er sich äußern.

Versuchen Sie, mit einfachen Sätzen, die nur mit einem »Ja« oder »Nein« beantwortet werden müssen, ein Gespräch zu führen. Wenn es Ihnen nicht gelingt, machen Sie jemand anderen ausfindig – auch wenn es Sie vielleicht kränkt, daß dieser Mensch dem Sterbenden dann emotional näher steht.

Begehen Sie nie den Fehler, in Anwesenheit eines anscheinend Bewußtlosen negativ über ihn zu reden. Gehen Sie respektvoll mit ihm um, lassen Sie ihm seine Würde. Die Wahrnehmung besteht länger, als wir vermuten. Versetzen Sie sich in die Lage eines Sterbenden, der alles versteht, aber kein Lebenszeichen mehr von sich geben kann. Vielleicht tut es ihm gut, wenn Sie ihn in den Arm nehmen, seine Hand halten, ihm liebevoll über die Stirn streichen. Auch kurz nach dem Tod sollten Sie sich mit negativen Reaktionen zurückhalten. Keiner von uns weiß, was »danach« ist und kommt.

Wichtig ist, daß wir uns ein humanes Wissen bewahren, d. h., wir müssen uns in die Lage des Patienten hineinversetzen, dazu in die Lage der Angehörigen und des Pflegepersonals.

Freunde, Nachbarn und Bekannte

Die Scheu, einen Sterbenden zu besuchen, ist groß. Doch gerade in dieser Zeit braucht er andere besonders. Menschen, die mit ihm reden, ihm zuhören oder mit ihm schweigen. Wenn er allein sein möchte, wird er den Besuch wegschicken. Das dürfen Sie dann nicht persönlich nehmen, er hat nichts gegen Sie, er braucht nur Zeit für sich: Weil er müde ist, weil er über Dinge mit sich ins reine kommen möchte, auch weil etwas anderes im Moment für ihn wichtiger ist. In seiner verbleibenden Zeit muß er Prioritäten setzen, und Sie müssen ihm das Recht zugestehen.

Wenn Ihnen die ersten Worte für den Besuch fehlen, fragen Sie den Sterbenden, wie es ihm geht, ob Sie etwas für ihn tun können. Vielleicht möchte er auch nur, daß Sie da sind und seine Hand halten oder ihn in den Arm nehmen. Fragen Sie ihn, ob er über sein Befinden sprechen möchte. Vor allem, seien Sie immer aufrichtig.

Wenn der Patient Sie später nicht mehr sehen will, hängt das damit zusammen, daß die zwischenmenschlichen Beziehungen immer unwichtiger werden. Zum Ende hin wünscht er oft nur die engsten Familienmitglieder oder den besten Freund um sich.

Tanka
Wenn du hörst »damals«,
lächle nicht und schweige still –
Erinnerungen.
Bereicherung des Lebens,
Heimat schöner Gefühle.

BRIGITTE BOHNHORST

Wenn Kinder sterben

Kinder ahnen und wissen oft mehr, als Erwachsene wahrhaben wollen. In ihren Bildern und Zeichnungen drücken sie ihre verschwiegenen Sorgen und Ängste aus, das, worüber sie nicht sprechen können oder wollen: die durch den Klinikaufenthalt bedingten Probleme, die durch die Krankheit entstandenen Konflikte in der Familie und Schule, die belastenden Veränderungen des Körpers und schließlich ihre Todesangst. Versuchen Sie, diese Bilder zu verstehen und mit dem Kind darüber zu sprechen.

Auch Kinder machen häufig die von Elisabeth Kübler-Ross beschriebenen Phasen durch. Die Kenntnis davon erleichtert den Umgang mit dem Kind und seinen schwankenden Stimmungen.

Sterbenskranke Kinder ahnen ihren nahenden Tod, selbst Kinder unter sechs Jahren, die noch keine Todesvorstellungen haben. Manche sprechen nicht darüber, weil sie Angst haben, den Kummer der Eltern zu verstärken. Im Spiel mit Handpuppen o.ä. können sie ihre Ängste häufig ausleben. Geben Sie dem Kind die Möglichkeit, seine Gefühle und Ängste offen auszudrücken.

Wie kann man Kindern den Tod erklären?

Seien Sie ehrlich zu einem Kind, erzählen Sie keine Märchen und auch keine Halbwahrheiten. Viele der für einen Erwachsenen verständlichen Aussagen können ein Kind verwirren und Ängste erzeugen. Sagen Sie z. B.: »Mama hat uns verlassen«, so erzeugen Sie beim Kind vielleicht Schuldgefühle. War es nicht artig genug? Hat es die Mama angelogen? Ist die Mama gegangen, weil sie auf das Kind böse war? Hat das Kind also schuld? Oder hat die Mama die Familie verlassen, weil sie das Kind nicht mehr lieb hat? Solche Fragen quälen ein Kind für immer. Zu den Schuldgefühlen kommen Verlustängste, die auch auf andere Personen übertragen werden können.

Die Aussage »Oma schläft jetzt für immer«, kann den Schlaf zu etwas Bedrohlichem machen. Das Kind hat in Zukunft u. U. Angst, ins Bett zu gehen. Es könnte ja sein, daß es, wie die Oma, nie wieder wach wird.

»Die Tante ist gestorben, weil sie krank war«, kann dem Kind signalisieren, daß man stirbt, wenn man krank wird. Ein Kind kann noch nicht zwischen einer normalen und einer tödlichen Krankheit unterscheiden. Es können ebenfalls Ängste vor dem Krankenhaus entstehen.

»Gott hat die Oma zu sich genommen«, wirft ebenfalls Fragen auf. Wie kann der liebe Gott das tun, warum nimmt er einfach die Oma weg? Sie sehen, es ist schwer, dem Kind die richtige Antwort zu geben – sie will wohlüberlegt sein. Ein Kind nimmt Sie beim Wort, es vertraut Ihnen bedingungslos.

Erklären Sie dem Kind die Sache so, daß Sie mit ihm auch darüber sprechen können. Es sollen keine Ängste, Zweifel, offene Fragen bleiben. Sagen Sie die Wahrheit, auch wenn das Kind sie im Moment vielleicht nicht ganz versteht. Es kann dann weitere Fragen stellen.

Die Verständnisebene ist in den verschiedenen Altersgruppen unterschiedlich. Einem Kind im Kindergartenalter können Sie schon erklären, daß der Tod ein Bestandteil des natürlichen Ablaufs ist. Mit dem Tod hört das körperliche Leben auf, und der Verstorbene kommt nie wieder zurück.

Kinder im Alter von sieben bis zehn Jahren machen sich auch Gedanken über das, was danach kommt. Da die Frage nicht zu beantworten ist, erklären Sie dem Kind, daß das Leben wichtiger als der Tod ist.

Ab dem Alter von elf Jahren begreifen Kinder den Tod langsam so wie die Erwachsenen.

Wichtig ist in allen Altersgruppen, daß man den Kindern deutlich macht, daß das Sterben nicht schmerzhaft ist und wir weinen, weil wir sehr traurig sind, einen geliebten Menschen verloren zu haben.

Am meisten beschäftigen Kinder folgende Fragen:

Was ist der Tod?

Warum sterben Menschen?

Was passiert mit den Menschen, wenn sie sterben?

Wo gehen sie hin?

Schließen Sie die Kinder in einem Sterbefall nicht aus. Durch ihre Teilnahme an der Beerdigung begreifen selbst kleine Kinder den Verlust. Die Gemeinschaft mit anderen Trauernden macht den Kindern deutlich, daß sie mit ihrer Trauer nicht allein sind. Erklären Sie den Kindern vorher, was bei einer Trauerfeier und Beerdigung geschieht. So können fremde Rituale keine Ängste erzeugen.

Kinder können ihr Leid nicht immer ausdrücken, achten Sie auf die kleinen Signale, und nehmen Sie die Kinder ernst. Ihr Leid ist nicht geringer als Ihr eigenes. Drängen Sie Gespräche über den Tod aber nicht auf. Vielleicht leben die Kinder ihre Trauer in Zeichnungen, aggressivem Spiel oder Gesprächen mit Freunden aus.

(Hierzu empfehle ich Ihnen die Broschüre »Helft Kindern den Tod zu begreifen« vom Fachverlag des deutschen Bestattungsgewerbes. Die Anschrift finden Sie im Anhang.)

Die häusliche Pflege eines Sterbenden

Pflegen Sie einen Sterbenden zu Hause, so lassen Sie ihn entscheiden, in welchem Raum er sich am liebsten, besonders wenn er überwiegend oder ganz bettlägerig ist, aufhalten möchte. Wenn es mit Ihren Bedürfnissen vereinbar ist, überlassen Sie ihm diesen Raum. Kein alter oder kranker Mensch, kein Kind möchte in irgendeinen Winkel der Wohnung / des Hauses verbannt sein. Das Leben soll nicht an ihm vorbeirauschen, er soll bis zuletzt daran teilnehmen können. Sie müssen sich vielleicht etwas beschränken, doch der Sterbende soll es so wohnlich wie möglich haben. Ideal wäre ein Zimmer mit Fenster nach Süden oder wenigstens Südwesten bzw. Südosten. Dort ist die Sonneneinstrahlung zu jeder Jahreszeit am günstigsten. Wer bettlägerig ist, wird dankbar für ein bißchen Aussicht sein, also für einen Blick auf einen Garten, einen Baum oder auch auf die Straße.

Persönliche Gegenstände, an denen dem Kranken liegt, sollten im Raum sein. Bilder, Bücher, Telefon, Radio, Fernseher oder Dinge für Hobbys, denen auch in liegender oder halbsitzender Stellung nachgegangen werden kann, sollten erreichbar sein. Bei Kindern gilt das gleiche für Spielzeug, Malsachen usw.

Wenn der Kranke noch aufstehen kann, animieren Sie ihn dazu. Überreden Sie ihn, sich anzuziehen. In Alltagskleidung fühlt man sich gleich viel weniger krank. Die Bewegung ist gut für den Kreislauf, und wundliegen wird verhindert. Günstig ist es, wenn in der Nähe des Bettes Gegenstände stehen, an denen sich der Kranke abstützen kann. Ein Stuhl am Fenster, auf dem Balkon oder der Terrasse können zu »Etappenzielen« werden. So sind Bewegung und Ruhepausen möglich.

Lassen Sie den Kranken kleine Aufgaben übernehmen, die ihn nicht überfordern – aber gleichzeitig etwas fordern. Vielleicht kann er noch Kartoffeln schälen, Fotos sortieren, Blumen gießen, Post oder Telefonate erledigen. So hat er das Gefühl, nützlich zu sein. Es kommt nicht auf das Ergebnis an, die Hauptsache ist die Aufgabe. In dieser Zeit kann dann auch das Zimmer gelüftet und gereinigt werden.

Das Bett

Das normale Bett ist für die Krankenpflege zu niedrig. Ehebetten sind ebenfalls ungeeignet, ein Krankenbett muß frei im Raum stehen, d.h. von allen Seiten zugänglich sein. Entweder bauen Sie das bisherige Bett um (durch spezielle Holzklötze und rutschfeste Gummikappen läßt es sich um ca. 20 cm erhöhen), oder Sie leihen ein Pflegebett aus. Das Pflegebett hat eine Höhe von 65 cm und ist höhenverstellbar. Das erleichtert die Pflege und ist zudem rückenschonend. Die Liegefläche ist unterteilt, Kopf- und Fußteil sind separat verstellbar. Das Bett ist durch Rollen beweglich, bietet die Möglichkeit, Pflegehilfen und Hilfsmittel anzubringen. Das Pflegebett und die dazugehörenden Matratzen gibt es in verschiedenen Ausführungen, z.B. als Betten mit besonderem Liege- und Sitzkomfort. Bei ihnen ist eine elektrische Einstellung der gewünschten Position über einen Handschalter möglich. Der Patient ist dadurch unabhängiger von der Pflegeperson, was diese entlastet. Darüber hinaus gibt es noch Spezialbetten für besondere pflegetherapeutische Maßnahmen.

Ein frei im Raum stehendes Bett erleichtert die tägliche Pflege. Es ist aber möglich, daß sich der Kranke unsicher in seinem Bett fühlt, »mitten im Zimmer« liegend, hat er vielleicht Angst, aus dem Bett zu fallen oder die schützende Decke zu verlieren. Eine Krankenschutzdecke oder ein Bettenseitengitter lösen das Problem. Schaffen Sie diese Dinge aber niemals an, ohne mit dem Patienten darüber zu sprechen. Seine Bewegungsmöglichkeiten werden eingeschränkt, er könnte sich gefesselt oder eingesperrt fühlen.

Die Art der Erkrankung bestimmt die Form der Lagerung. Praktisch ist eine Matratze aus gutem Schaumstoff, in der Regel zweiteilig. Sprechen Sie darüber mit dem Kranken und dem Hausarzt. Die üblichen Krankenbetten lassen sich verstellen, für Querschnittsgelähmte gibt es spezielle Vorrichtungen. Deren Einsatz wird in der Regel ärztlich angeordnet. Wegen der Kostenübernahme erkundigen Sie sich bitte bei der Krankenkasse. Das gilt auch für weitere Hilfsmittel.

Wenn Sie ein normales Bett verwenden, können Sie es durch Kopfkeile, Kissen und Rückenstützen umrüsten. Diverse Kissen sind häufig im Haushalt vorhanden. Ansonsten erhalten Sie diese Dinge im Fachhandel, wie Sanitätshäuser usw. Erkundigen Sie sich dort auch, was der Arzt verordnen kann, oder sprechen Sie gleich direkt mit ihm darüber.

Je nach Art der Erkrankung können weitere Stützen und andere Hilfsmittel notwendig sein. Wichtig ist, daß der Patient so bequem wie möglich liegt. Wenn er sich noch frei im Bett bewegen kann, wird er automatisch seine Lage wechseln und dadurch auch einen Druckausgleich herbeiführen. Ist er nicht mehr dazu imstande, brauchen Sie möglicherweise Hilfsmittel, um ihn umzubetten, und eine zweite Pflegeperson. Sprechen Sie das mit dem Kranken und dem Arzt ab.

Die Matratze

Die Matratze des Bettes soll möglichst fest sein. Ist die vorhandene weich oder durchgelegen, behelfen Sie sich, indem Sie ein Brett zwischen Lattenrost und Matratze legen. Wenn der Kranke stark schwitzt und bei vorhandener Inkontinenz (Stuhl und Harn können nicht mehr gehalten werden) legen Sie auf die Matratze ein Gummituch, darauf eine saugfähige

Einlage und darüber das normale Bettlaken. (Empfindliche Patienten können durch die Gummieinlage allerdings vermehrt schwitzen und auch unangenehme Hautreaktionen zeigen.) Bei starker Inkontinenz empfiehlt sich ein weicher, knisterfreier Matratzenschutzbezug.

Bettschutzeinlagen und Krankenunterlagen geben dem Patienten ein Gefühl der Sicherheit und reduzieren die unangenehmen Gefühle, die mit der Inkontinenz verbunden sind. Die Krankenunterlagen gibt es als wiederverwendbare, waschbare Unterlagen. Sie bestehen aus drei Schichten und sind mit seitlichen Einstecklaschen erhältlich. Sie haben eine textile Oberseite, eine aufnahmefähige Saugzwischenschicht und eine feuchtigkeitsundurchlässige Unterseite. Sie benötigen mindestens zwei bis drei Unterlagen zum Wechseln. Erhältlich sind auch Unterlagen zum Einmalgebrauch. Die Wahl der Mittel ist einfach eine Kostenfrage.

Wenn es notwendig ist, können Sie über alle Lagen eine weitere wasserfeste Unterlage und ein Stecklaken ziehen. Stecklaken benötigen Sie in größerer Menge (mindestens 10 Stück), Sie müssen sie häufig wechseln. Vielleicht haben Sie noch alte einfache Bettlaken, aus denen lassen sich ohne großen Aufwand Stecklaken nähen. Fragen Sie auch Verwandte, Freunde oder Nachbarn. Laken sind häufig vorhanden. Spannbettücher oder einfache Bettücher mit Bettuchspannern erleichtern den Wäschewechsel. Alle Unterlagen müssen stets sauber, trocken und vor allem faltenfrei in das Pflegebett eingelegt sein. Nur so läßt sich ein Wundliegen verhindern.

Wäsche und Decken

Das Oberbett sollte warm, leicht und der Bezug kochfest sein. Die Wäsche muß Feuchtigkeit aufnehmen können, anschmiegsam sein und darf gern nett aussehen. Es gibt auch farbige Bettwäsche, die kochbar ist. Ihr Anblick kann dem bettlägerigen Patienten schon guttun. Sinnvoll ist eine zusätzliche warme Decke, falls der Patient friert.

Praktisch und auch für den Patienten angenehm sind die am Rücken offenen »Flügelnachthemden«. Diese Krankenpflegehemden lassen sich schnell und ohne große Anstrengung oder Schmerzen für den Kranken wechseln, gleichzeitig erleichtern sie die Pflege. Vielleicht bekommen Sie im Krankenhaus ein Muster und können es nachnähen. Eine andere Möglichkeit ist, vorhandene Nachthemden einfach im Rükken aufzuschneiden.

Das Wundliegen

Abgemagerte, ältere und bettlägerige oder ständig still sitzende Patienten entwickeln durch die anhaltende Druckwirkung auf die Haut Geschwüre. Davon betroffen sind ebenfalls Kranke mit Durchblutungsstörungen, Diabetes, Gefäß-, Herz- und Kreislauferkrankungen; inkontinente, stark schwitzende und hochfiebernde Kranke. Trockene, dünne, unelastische Haut fördert außerdem die Geschwürbildung. Die Druckgeschwüre (Dekubitus genannt) heilen sehr schlecht, daher ist eine Vorsorge durch häufiges Umbetten unumgänglich.

Durch den Druck des Körpergewichtes auf Matratze oder Sitzfläche werden die kleinen Blutgefäße zusammengedrückt. Der arterielle Zufluß und der venöse Abfluß werden unterbrochen, die Durchblutung ist vermindert, das Gewebe wird mangelhaft versorgt. Besonders gefährdete Körperstellen sind in Rückenlage: Hinterkopf, Schulterblätter, Wirbelsäule, Ellenbogen, Beckenkamm, Kreuzbein, Sitzbein, Fersen, Zehen. In der Seitenlage sind Ohr, Schulterhöhe, Ellenbogen, Beckenkamm, Knie und die Fußaußenseite anfällig.

Weitere praktische Hilfsmittel

Hilfsmittel bei Inkontinenz

Inkontinenz muß nicht sein, kommt aber häufig vor. Bei Inkontinenz des Patienten benötigen Sie eine größere Menge Zellstoffunterlagen, ein Gummituch und große Windelhosen. Es gibt verschiedene Einlagen für die Windelhosen, dazu Urinauffangbeutel und Urinale.

Krankenaufrichter

Dem Sterbenden fehlt oft die Kraft, sich allein im Bett aufzurichten. Hilfreich sind sogenannte »Bettgalgen«. Dabei handelt es sich um ein am Kopfende des Bettes angebrachtes Metallrohr mit Seil und Griff daran. Der Kranke kann sich daran hochziehen. Eine einfachere Lösung ist ein am Fußende angebrachtes Seil mit einem Griff.

Bettpflege-Utensilien

»Schnabeltassen« bekommen Sie im Fachhandel. Angenehmer für den Kranken sind allerdings biegbare Trinkhalme, sie ermöglichen auch kleine Schlucke. Schnabeltassen tropfen oft, vor allem wenn der Kranke sie nicht selbst heben kann. Alles, was das Gefühl der Hilflosigkeit verstärkt, ist für den Kranken sehr unangenehm. Helfen Sie ihm, solange es geht, aktiv etwas machen zu können. Kleinigkeiten sind oft sehr wichtig. Es gibt Warmhalteteller und -becher, Anti-Rutsch-Unterlagen, Beistelltische und Bett-Tische in verschiedenen Ausführungen.

Zwei Wärmflaschen brauchen Sie immer, um die Füße zu wärmen und zur Schmerzlinderung beizutragen.

Plastikbecher zur Zahnpflege werden in Ihrem Haushalt sicherlich vorhanden sein. Sie erleichtern die Pflege des Patienten, wenn er nicht mehr aufstehen kann. Eine Nierenschale können Sie über die Sozialstation ausleihen. Die Mundspülung läßt sich damit leichter durchführen. Fieberthermometer, Watte, Öl und Desinfektionsmittel sind wahrscheinlich schon im Haushalt vorhanden, Sie bekommen sie in der Apotheke oder Drogerie.

Toilettenartikel

Lassen Sie Kamm, Bürste, Deodorant, Rasierapparat, Spiegel, Nagelfeile, Kosmetika usw. in Reichweite des Kranken. Auch ein Sputumbecher mit Deckel kann hilfreich sein. So kann er der Körperpflege in gewissem Umfang noch möglichst lange nachgehen.

Außer den Mundpflegemitteln brauchen Sie einen milden Körperpuder, eine hautschonende, seifenfreie Waschlösung und Glycerin-Zitrone-Stäbchen aus der Apotheke. Diese Stäbchen sind besonders zur Mundpflege sterbender Menschen geeignet.

Bad und WC

Es gibt Hilfsmittel für die Sicherheit in Bad und WC, wie Badewannensitz, Badewannen-Gleitschutzeinlage, Duschbecken-Gleitschutz, Sitzbadewanne, Duschhocker, Einsteigehilfe für Badewannen, Bidetbecken-Sitzbad usw.

Falls der Gang zur Toilette nicht mehr möglich ist, brauchen Sie eine Bettpfanne, einen Toilettenstuhl, evtl. ein Toilettenstuhlkissen und ggf. eine Urinflasche. Diese Teile können Sie bei der Sozialstation, wenn vorhanden, ausleihen oder im Fachhandel erwerben. Sie erleichtern sich die Reinigung der Bettpfanne, wenn Sie sie vor dem Gebrauch mit einem Einmalpapier (z. B. Küchenrolle o. ä.) auslegen. Desinfizieren Sie regelmäßig die Hilfsmittel.

Beleuchtung

Mit der Art der Beleuchtung richten Sie sich bitte nach den Wünschen des Patienten. Eine Lampe am Bett sollte für den Kranken immer erreichbar sein.

Luft und Lüften

Regelmäßiges Lüften, besonders am Morgen, ist wichtig. Wenn es der Zustand des Kranken erlaubt und die Außentemperaturen es zulassen, lüften Sie sooft es geht. Vermeiden Sie aber unbedingt Zugluft. Decken Sie den Patienten gut zu, oder verlegen Sie ihn für die Zeit in ein Nebenzimmer.

Raumtemperatur

Die Temperatur sollte angenehm sein, also um 20 Grad. Achten Sie auf ausreichende Luftfeuchtigkeit, um Reizhusten durch zu trockene Heizungsluft zu vermeiden.

Bewegungstraining

Kranke Menschen müssen lernen, mit eingeschränkten Bewegungsmöglichkeiten zu leben. Leichte Übungen sind sehr wichtig.

Wenn das Bett noch verlassen werden kann, hilft eine Drehplatte bei dem Wechsel vom Bett zum Stuhl und umgekehrt, schont außerdem die Belastung von Fuß- und Kniegelenken des Kranken. Ein Atemtrainer dient der Atemgymnastik bei bettlägerigen Menschen und beugt dadurch z. B. einer Lungenentzündung vor. Inhalieren als atmungsunterstützende Maßnahme wird vom Kranken oft als angenehm und hilfreich empfunden.

Es gibt Bewegungstrainer für die Beine, Handmassagebälle in den verschiedenen Ausführungen helfen beim Training der Handmuskulatur und der Fingergelenke. Ein unter die Unterschenkel gelegter Gymnastikball entlastet den Rücken und ermöglicht leichte Bewegungen.

Eine Wärme- oder Kältebehandlung besprechen Sie bitte mit dem behandelnden Arzt. Auch dafür gibt es entsprechende Hilfsmittel.

Hinweis: Die Aufzählung der Hilfsmittel bedeutet nicht, daß Sie alle diese Dinge benötigen. Was gebraucht wird, besprechen Sie mit dem Arzt oder dem Pflegedienst. Vieles läßt sich mit im Haushalt vorhandenen Gegenständen improvisieren. Manche Hilfsmittel können geliehen werden. Die Sozialstation leiht Ihnen z. B., wenn es nötig ist, einen Bett-Tisch zum bequemeren Einnehmen der Mahlzeiten; einen Rollstuhl, falls der Patient nicht mehr gehen kann; einen Sauerstoffapparat gegen Atemnot. Es kommt immer auf die Ausstattung des Pflegedienstes an, sie kann sehr unterschiedlich sein. Ausführlichere Informationen über die häusliche Krankenpflege erhalten Sie bei Ihrer Krankenkasse.

Wenn Sie einen Pflegedienst oder eine Sozialstation für die Pflege benötigen, erkundigen Sie sich vorher nach den Leistungen. Eine Stunde Pflege bedeutet nicht unbedingt eine Stunde Anwesenheit der Pflegekraft. Es gibt Pflegedienste, die Fahrtzeiten mit einberechnen. Außerdem ist es sinnvoll, die Preise der einzelnen Pflegedienste zu vergleichen. Es kann erhebliche Preisunterschiede geben. Die Pflegekassen stellen Preisvergleichslisten zur Verfügung.

Wer trägt die Kosten für die häusliche Krankenpflege?

Erkundigen Sie sich bei der zuständigen Krankenkasse nach Ihren Ansprüchen aus der Pflegeversicherung. Ein Teil der Kosten wird vielleicht auch durch verschiedene Leistungen der Kranken-, Renten- und Unfallversicherungen abgedeckt. Wenn die finanzielle Belastung Ihre wirtschaftlichen Verhältnisse übersteigt, hilft das Sozialamt. Auf Pflegegeld nach dem Bundessozialhilfegesetz (BSHG) haben Sie ein Anrecht, dieses Pflegegeld ist kein Almosen! Hierzu mehr im Abschnitt Pflegeversicherung.

Denken Sie auch an sich selbst

Holen Sie sich Rat und Hilfe bei Problemen in der Pflege, warten Sie damit nicht, bis Sie sich übernommen haben. Überfordern Sie Ihre Kräfte nicht. Legen Sie Entspannungspausen ein.

Bewahren Sie sich einen Freiraum. Es ist ein gesunder Egoismus, wenn Sie auch einmal »nein« sagen zu übertriebenen Forderungen. Sie können nicht rund um die Uhr pflegen, Sie müssen es auch nicht! Es gibt immer Möglichkeiten der Hilfe. Brechen Sie nicht aus Zeitmangel den Kontakt zu Freunden ab, verzichten Sie nicht auf Ihre Hobbys oder Urlaub. Trotz der Pflege muß für Sie das normale Leben weitergehen. Sie handeln nicht herzlos!

Legen Sie sich eine Liste mit den wichtigsten Telefonnummern neben das Telefon: Feuerwehr, Polizei, Ärztlicher Notdienst, Krankentransport, Hausarzt, Sozialstation oder Pflegedienst, Krankengymnastin, Masseur, Kirchengemeinde, Nachbarn, Einkaufsdienst, Fahrdienst, Essen auf Rädern, Kurzzeitpflege, Tagesklinik, Krankenkasse, Sozialamt. Wenn es einmal eilig ist, sind wichtige Telefonnummern oft nicht griffbereit. Die Liste sorgt auch dafür, daß in Ihrer Abwesenheit ein anderer Mensch Hilfe erreichen kann.

Was leisten ambulante Pflegedienste?

Ambulante Pflegedienste übernehmen die Grundpflege wie z. B. Hilfe beim Waschen und Anziehen, Betten und Lagern, bei Fuß- und Nagelpflege. Die Behandlungspflege umfaßt Verbandswechsel, Wundbehandlung und andere medizinische Maßnahmen. Darüber hinaus übernehmen sie die Pflege und Begleitung Sterbender und bieten Hilfen im Bereich der sozialen Aufgaben. Eine weitere Sterbebegleitung können Sie über Hospizdienste in Anspruch nehmen. Adressen der Verbände der freien Wohlfahrtspflege finden Sie im Anhang.

Schmerzen und Beschwerden lindern

Sterbende leiden oft unter Schmerzen. Da die Grundkrankheit bekannt und nicht mehr zu lindern ist, orientierten sich die Schmerztherapie und die allgemeine Behandlung an den aktuellen Beschwerden und Beeinträchtigungen des Patienten. Der Kranke leidet häufig unter Appetitlosigkeit, Problemen bei der Nahrungsaufnahme, Verstopfung, Atemnot, Schwäche und Schmerzen. Soweit es möglich ist, soll ihm Linderung verschafft werden. Eine absolute Schmerzfreiheit ist nicht immer möglich, eine schmerzarme Zeit aber auf jeden Fall zu realisieren. Die heutige Schmerztherapie bietet ausreichende Möglichkeiten. Die Art der Medikamente, die Menge und die Intervalle der Einnahme werden individuell festgelegt und jeder neuen Situation angepaßt.

Dem Arzt stehen heute vielfältige Medikamente zur Verfügung. Es wird unterschieden nach:

nicht-opioidhaltigen Analgetika wie Acetylsalicylsäure, Paracetamol, Metamizol, Flurbiprofen;

mittelstarken, opioidhaltigen Schmerzmitteln wie Codein, Dihydrocodein, Tramadol, Tilidin;

starken, opioidhaltigen Schmerzmitteln wie Morphin oral, Morphin rectal, Morphin-Injektion, Bupremorphin.

Die Stärke der Schmerzen bestimmt den Einsatz der verschiedenen Medikamente. In der Regel wird nach einem Stufenplan vorgegangen. Sind die Schmerzmittel nicht ausreichend, wird der Arzt den Therapieplan anpassen. Er muß dazu natürlich umfassende Informationen von dem Patienten haben.

Die regelmäßige Einnahme von Morphinpräparaten etwa alle 4 Stunden (nach dem Stufenschema der Weltgesundheitsorganisation) macht nicht süchtig, diese Angst ist absolut unbegründet. Eine Toleranz gegenüber Opioiden entsteht äußerst selten.[1]

Wichtig ist vor allem eine vorbeugende Einnahme, wie bei allen Schmerzmitteln. Bei chronischen Schmerzen ist es nicht sinnvoll, mit der Medikamenteneinnahme zu warten, bis die Schmerzen eine gewisse Stärke erreicht haben. In diesen Fällen ist eine kontinuierliche Einnahme wichtig, damit die Schmerzen erst gar keinen Höhepunkt erreichen können, sondern der Pegel gleichmäßig niedrig gehalten wird. So erfolgt die Medikamentengabe, bevor der schmerzstillende Effekt der vorangegangenen verbraucht ist. Auf diese Weise werden auch chronische Schmerzen erträglich.[2]

Morphinpräparate (Opiate) trüben bei regelmäßiger Einnahme nicht das Bewußtsein, im Gegenteil. Durch die erzielte Schmerzreduzierung können die Patienten aktiver am Geschehen um sie herum teilnehmen, sie können klare Gedanken fassen und so noch manche für sie wichtige Dinge erledigen. Sie können am Leben teilnehmen! Die Schmerzreduzierung ermöglicht es ihnen aber auch, sich mit ihrer Situation auseinanderzusetzen.

Die orale Einnahme (Einnahme in Form von Tropfen und Tabletten) nach einem festen Zeitschema erleichtert die Schmerztherapie im häuslichen Bereich und gibt dem Patienten ein Gefühl von Unabhängigkeit. Er kann für lange Zeit selbst die Medikamente nehmen, ist also auch in dem Bereich aktiv. Später, wenn es ihm vielleicht nicht mehr möglich ist, haben die Angehörigen keine Probleme mit der Schmerzbehandlung.

Morphin lindert Schmerzen und Atemnot, einige Opioide unterdrücken dazu einen Hustenreiz. Der Blutdruck sinkt un-

---

1 Siehe auch Michael Zenz, Ilmar Jurna: Lehrbuch der Schmerztherapie. Wissenschaftliche Verlagsgesellschaft, Stuttgart 1993
2 Siehe auch Brigitte Bohnhorst: Leben mit chronischem Schmerz. Deutscher Taschenbuch Verlag, München 1997

ter der Morphingabe ab. Zur Verhinderung von Nebenwirkungen ist vielleicht die Gabe weiterer Medikamente, wie Abführmittel, Mittel gegen Übelkeit und Erbrechen usw. nötig. Die hartnäckigste Nebenwirkung ist die Verstopfung. Sie läßt sich ebenfalls behandeln, eine reichliche Flüssigkeitszufuhr ist dabei wichtig.

Bei manchen Patienten besteht zu Beginn der Morphingabe eine verstärkte Müdigkeit, sie gibt sich aber nach wenigen Tagen. Bei allen Begleitmedikamenten müssen Vorerkrankungen beachtet werden.

Sollte die Einstellung der Schmerztherapie besonders schwierig sein, ist ein kurzfristiger Aufenthalt auf einer Palliativstation eventuell nötig. Hier wird eine medikamentöse Versorgung sichergestellt, die dann zu Hause fortgeführt werden kann.

Manche Ärzte sind vielleicht noch etwas zurückhaltend bei der Verschreibung von morphinhaltigen Mitteln, sprechen Sie mit Ihrem Arzt darüber. Es ist heute nicht mehr nötig, daß ein Mensch unter starken Schmerzen leidet. Die Schmerzforschung hat schon viel erreicht.

Wenn ein Patient den Wunsch nach aktiver Sterbehilfe äußert, steckt dahinter immer die (unnötige) Angst vor starken Schmerzen oder ein Gefühl von Einsamkeit, Verlassenheit, der Angst, anderen Menschen lästig zu fallen. Erforschen Sie die Ursache. Mit erträglichen Schmerzen und in einer harmonischen Umgebung wird jeder Mensch sein Leben bis zuletzt leben wollen. Natürlich gibt es auch da extreme Fälle, wenn ein Mensch bis auf den Kopf bewegungsunfähig ist, vielleicht dazu auch nicht mehr sehen oder hören kann, wird er vielleicht trotz aller Fürsorge den Wunsch nach aktiver Sterbehilfe äußern. Das sind aber nicht die Normalfälle.

Hinweis: Schmerztherapie stellt eine Behandlung im Sinne des Sozialgesetzbuches, fünftes Buch (SGB V) dar. Der Patient ist in dieser Krankheitsphase kein Pflegefall. Dies ist bei einer evtl. *Verordnung häuslicher Krankenpflege* zu beachten, denn durch eine ambulante Schmerztherapie kann eine stationäre Behandlung, die demselben Zweck dient, vermieden werden. Dem Patienten kann daher neben der erforderlichen *Behandlungspflege* auch *Grundpflege* verordnet werden.

Die Pflegeversicherung

Feststellung der Pflegebedürftigkeit

Auf Antrag des Versicherten lassen die Pflegekassen durch den Medizinischen Dienst prüfen, ob die Voraussetzungen der Pflegebedürftigkeit erfüllt sind und welche Stufe der Pflegebedürftigkeit vorliegt. Der Medizinische Dienst untersucht den Pflegebedürftigen in dessen Wohnung oder im Pflegeheim.

Worin besteht die Hilfe?

Hilfe besteht in der Unterstützung, in der teilweisen oder vollständigen Übernahme der Verrichtungen im Ablauf des täglichen Lebens.

Gewöhnliche und regelmäßig wiederkehrende Verrichtungen sind:

1. Im Bereich der Körperpflege das Waschen, Duschen, Baden, die Zahnpflege, das Kämmen, Rasieren, die Darm- oder Blasenentleerung;

2. im Bereich der Ernährung das mundgerechte Zubereiten oder die Aufnahme der Nahrung;

3. im Bereich der Mobilität das selbständige Aufstehen und Zubettgehen, An- und Auskleiden, Gehen, Stehen, Treppensteigen usw.;

4. im Bereich der hauswirtschaftlichen Versorgung das Einkaufen, Kochen, Reinigen der Wohnung, Spülen, Wechseln und Waschen der Wäsche und Kleidung oder das Beheizen der Wohnung.

Das Eingehen auf das Kommunikationsbedürfnis im Zusammenhang mit der Erbringung von Pflegeleistungen ist selbstverständlicher Bestandteil einer qualitativ guten und humanen Pflege.

Häusliche Pflege

Sachleistungen

Die häusliche Pflege hat Vorrang vor einer stationären Unterbringung. Je nach Schweregrad der Pflegebedürftigkeit werden als Sachleistung Pflegeeinsätze durch ambulante Pflegedienste bis zum Wert von

750,– DM in Pflegestufe I,

1800,– DM in Pflegestufe II oder

2800,– DM in Pflegestufe III im Monat erbracht, wobei in besonderen Härtefällen die Sachleistungen bis zu 3750,– DM monatlich betragen können.

Pflegegeld

Anstelle der Sachleistung kann ein Pflegegeld, das in der Höhe nach dem Schweregrad der Pflegebedürftigkeit gestaffelt ist, beansprucht werden. Der Anspruch setzt voraus, daß der Pflegebedürftige mit dem Pflegegeld die erforderliche Grundpflege und hauswirtschaftliche Versorgung in geeigneter Weise selbst sicherstellt. Das Pflegegeld beträgt:

bei Pflegestufe I   400,– DM

bei Pflegestufe II   800,– DM und

bei Pflegestufe III 1300,– DM monatlich.

Pflegegeld wird für die Tage gezahlt, an denen die häusliche Pflege durchgeführt wird.

Pflegegeld im Krankenhaus

Bei vorübergehender vollstationärer Krankenhausbehandlung wird das Pflegegeld bis zu vier Wochen weitergezahlt.

Kombination von Sach- und Geldleistungen

Zur Sachleistung gehört auch die teilstationäre Tages- und Nachtpflege. Wird sie nicht in voller Höhe in Anspruch genommen, kann gleichzeitig ein entsprechend gemindertes Pflegegeld beansprucht werden.

Pflegevertretung

Bei Urlaub oder sonstiger Verhinderung der Pflegeperson (Pflegepersonen sind Personen, die nicht erwerbsmäßig einen Pflegebedürftigen wenigstens 14 Stunden wöchentlich in seiner häuslichen Umgebung pflegen) besteht ein Anspruch auf eine Pflegevertretung bis zu vier Wochen im Gesamtwert von bis zu 2800,– DM im Jahr. Weitere Informationen gibt Ihnen die Pflegekasse.

Tages- und Nachtpflege

Ist die häusliche Pflege nicht ausreichend gewährleistet, ist eine teilstationäre Pflege in Einrichtungen der Tages- oder Nachtpflege möglich. Je nach Stufe der Pflegebedürftigkeit werden Aufwendungen für Grundpflege, für soziale Betreuung und auch, wenn notwendig, für die medizinische Behandlungspflege im Gesamtwert bis zu

750,– DM in Pflegestufe I,
1500,– DM in Pflegestufe II,
2100,– DM in Pflegestufe III monatlich übernommen.

Stationäre Pflege

Die Leistungen

Pflegebedürftige in Heimen erhalten ebenfalls Leistungen aus der Pflegeversicherung. Bis zum 31. Dezember 1997 erhalten sie folgende nach Pflegestufen gestaffelte Beträge:

Pflegestufe I   2000,– DM,
Pflegestufe II   2500,– DM,
Pflegestufe III 2800,– DM,
in Härtefällen der Pflegestufe III 3300,– DM monatlich.

Es handelt sich um Pauschalbeträge für die Grundpflege, die soziale Betreuung und die medizinische Pflege. Sie werden auch gezahlt, wenn im Einzelfall die pflegebedingten Aufwendungen einschließlich der Aufwendungen für die medizinische Behandlungspflege und die soziale Betreuung unter diesen Pauschbeträgen liegen. Eine Kürzung erfolgt nur, wenn ansonsten der Pflegebedürftige einen Eigenanteil von weniger als 25 Prozent des gesamten Heimentgelts zu tragen hätte.

Vom 1. Januar 1998 an erhalten Pflegebedürftige nicht mehr die festen Pauschalbeträge. Von da an wird die Höhe der Vergütung von der Pflegekasse mit dem einzelnen Heim vereinbart. Die Pflegekasse übernimmt dann die Aufwendungen bis zu einer Höhe von 2800,– DM, in Härtefällen bis zu 3300,– DM monatlich. Die einzelne Pflegekasse darf pro Jahr allerdings nicht mehr als 30 000,– DM pro Pflegebedürftigen aufwenden.

Wer keine ausreichende Leistung der Pflegeversicherung erhält, kann evtl. Hilfe zur Pflege nach dem Bundessozialhilfegesetz erhalten. Hierüber entscheidet der zuständige Sozialhilfeträger.

Die Voraussetzungen für die Pflegestufen

Pflegestufe I

Für die Anerkennung wird erhebliche Pflegebedürftigkeit vorausgesetzt. Sie besteht, wenn bei der Körperpflege, der Ernährung oder der Mobilität mindestens einmal täglich für wenigstens zwei Verrichtungen aus einem oder mehreren Bereichen Hilfebedarf besteht und zusätzlich mehrfach wöchentlich Hilfen bei der hauswirtschaftlichen Versorgung notwendig sind. Der Hilfebedarf muß täglich wenigstens 1,5 Stunden betragen, wobei auf die pflegerische Grundversorgung mindestens 45 Minuten entfallen müssen.

Pflegestufe II

Die Pflegestufe II setzt voraus, daß mindestens dreimal am Tag zu verschiedenen Tageszeiten Hilfebedarf bei der Körperpflege, der Ernährung oder der Mobilität und zusätzlich mehrfach in der Woche Hilfebedarf bei der hauswirtschaftlichen Versorgung besteht.

Pflegestufe III

Die Pflegestufe III setzt voraus, daß ständiger Hilfebedarf rund um die Uhr, auch nachts, besteht. Der Zeitaufwand für die Hilfeleistungen muß mindestens fünf Stunden am Tag betragen, wobei auf den grundpflegerischen Aufwand mindestens vier Stunden entfallen müssen.

Leistungen der Pflegestufe III werden auch dann gewährt, wenn nicht ununterbrochen Hilfe geleistet wird, aber die Bereitschaft zur Hilfeleistung bei Tag und Nacht notwendig ist und tatsächlich Hilfen in sehr hohem Maß erbracht werden müssen.

Die Hospizbewegung
und die Palliativstationen

Hospizbewegung

Das Hospizkonzept umfaßt neben der stationären auch eine ambulante oder teilstationäre Betreuung.

1967 gründete die englische Ärztin, Krankenschwester und Sozialarbeiterin Cicely Saunders in London das erste Hospiz. Hospize (lat. hospitium = Herberge, Gastfreundschaft), die Waisen, Bedürftigen, Reisenden, Kranken und Sterbenden Unterkunft, Verpflegung und Hilfe gewährten, gibt es bereits seit dem Beginn des Christentums im Römischen Reich. Um die Jahrhundertwende richteten die Schwestern der Nächstenliebe, ein irischer Orden, erst in Dublin und dann in London Hospize ein, die sterbende Menschen, die ohne häusliche Betreuung lebten, aufnahmen. Eine inhaltliche Verwandlung bekam der Begriff »Hospiz« durch Cicely Saunders, die während ihrer Tätigkeit als Sozialarbeiterin in Krankenhäusern erkannte, wie mangelhaft die Sterbenden betreut wurden. Sie studierte Medizin, setzte sich mit der Schmerzforschung auseinander und arbeitete im Londoner Hospiz der Schwestern der Nächstenliebe. Mit der Eröffnung des Hospiz St. Christopher's in London stellte sie 1967 ihr modernes Hospizkonzept vor. Sie ergänzte die bisherige Sterbebegleitung durch wissenschaftlich fundiertes Fachwissen, besonders im medizinischen Bereich. Sie wollte keine neue Institution zum Sterben schaffen, sondern ein neues Konzept zum Sterben zu Hause entwickeln, mit weiteren Möglichkeiten für die Endpflege im Krankenhaus oder Pflegeheim. Sie schloß dem stationären Bereich nach einiger Zeit eine Ambulanz und einen Hausbetreuungsdienst an. So konnten schwerkranke und sterbende Patienten in der häuslichen Umgebung versorgt werden. Gleichzeitig kümmerte sich der Hospizdienst um die Hinterbliebenen und gab Hilfestellung bei der Trauerarbeit. Nach dem Londoner Vorbild entstanden weitere Hospize und Hospizvereine in vielen Ländern.

In Kanada dagegen entstand als Variante zum Hospiz die erste Palliativstation. Sie war Teil einer Universitätsklinik. Ihr Vorteil bestand darin, daß auf die technischen Einrichtungen der Klinik zurückgegriffen werden konnte. In Deutschland gibt es bisher erst wenige Palliativstationen, weitere werden hoffentlich folgen.

Ziel der Hospizbewegung ist eine ganzheitliche Betreuung Schwerstkranker und Sterbender. Die Angehörigen werden sowohl in der stationären als auch in der ambulanten Betreuung mit eingeschlossen.

Das unterscheidet ein Hospiz von einem Krankenhaus. Die Fürsorge gilt gleichzeitig dem Patienten und seinen Angehörigen. Ein Team, bestehend aus Arzt, Krankenschwester, Sozialarbeiter, Geistlichem, Psychologen usw. steht zur Verfügung. Das Team hat umfassende Kenntnisse, besonders in der Schmerzbekämpfung. Es wird zusätzlich durch freiwillige Helfer (Hospizhelfer) unterstützt. Rund um die Uhr ist mindestens ein kompetenter Mitarbeiter erreichbar. Das Hospiz kooperiert mit anderen Diensten wie Kliniken, Hausärzten usw. Dazu betreut es die Hinterbliebenen.

Die Patienten werden unabhängig von der Kostenübernahme aufgenommen. Das hat bisher allerdings dazu geführt, daß einige Hospize in Deutschland wieder schließen mußten. Der Gesetzgeber ist da besonders gefordert, denn es besteht für Hospize im Vergleich zu Krankenhäusern, Alters- und Pflegeheimen bisher noch keine gesetzliche Regelung.

Palliativstationen

Palliativstationen sind Spezialabteilungen oder -stationen in Kliniken, die der lindernden Pflege und besonders der Schmerztherapie von unheilbar kranken Menschen dienen. Im Endstadium einer tödlichen Krankheit geht es nur noch darum, dem Kranken seelischen Beistand zu geben und die Schmerzen zu lindern.

Viele der Palliativstationen arbeiten im Sinne eines Hospizes. Sie sind eine Kompromißlösung zwischen der Hospiz-Fürsorge und der klinischen Therapie. Ziel der Behandlung ist es, den Patienten möglichst so weit wiederherzustellen, daß er nach Hause entlassen werden und dort möglichst in Würde sterben kann. Bei einer Verschlechterung des Zustandes wird ihm aber auf Wunsch eine bevorzugte Wiederaufnahme versprochen.

Die Palliativstation dient auch der menschlichen Begegnung, die Angehörigen sollen in die Therapie mit einbezogen werden. Ihnen werden Gespräche angeboten und das Erlernen pflegerischer Handgriffe.

Aufgabenbereiche von Hospizeinrichtungen:
Symptomkontrolle
– Patientenzentrierte Krankenpflege
– Soziale Unterstützung
– Seelsorge
– Sterbebegleitung
– Betreuung und Stützung der Angehörigen

Aufnahmeindikationen für Hospizeinrichtungen:
Ambulant nicht kontrollierbare körperliche Beschwerden
– Ernährungsprobleme
– Psychische Probleme
– Soziale Situation
– Betreuung in der Sterbephase

Diese Aufstellungen sind eine Darstellung der Aufgabenbereiche und Aufnahmeindikationen der Kölner Palliativstation. Sie können im wesentlichen als allgemein für Hospizeinrichtungen gelten.

Ambulanter Hospizdienst

Der Hausbetreuungsdienst besteht aus ehrenamtlichen Helfern. Sie haben durch eine entsprechende Schulung Erfahrung und Wissen im Umgang und in der Begleitung Sterbender erworben. Der Hospizdienst ergänzt die anderen ambulanten Dienste (Sozialstationen usw.) und unterstützt diese im Bereich der Sterbebegleitung. Ihre Begleitung bedeutet: persönliche Zuwendung im Gespräch und das Bemühen, ein würdevolles Sterben zu ermöglichen. Die Zuwendung läuft oft auch nonverbal ab, kleine Berührungen sind wichtig und vor allem, einfach dazusein. Sterbebegleitung ist hier ein Stück Lebenshilfe.

(Anschriften von Hospizdiensten finden Sie im Anhang.)

Sterbebegleitung im Krankenhaus

Interview mit Dr. med. Manfred Braun, Oberarzt der
Frauenklinik im Zentralkrankenhaus Bremen-Nord

Brigitte Bohnhorst: Herr Dr. Braun, wie sollte Ihrer Meinung
nach eine Sterbebegleitung auf einer normalen Krankensta-
tion, also nicht auf einer Palliativstation, aussehen?

Dr. Braun: Es sollte keinen Unterschied geben. Ich bin der
Ansicht, jede onkologische Station sollte sich auch im Sinne
einer Palliativstation verstehen, denn mehr als die Hälfte unserer Krebspatientinnen sterben schließlich an dieser Erkrankung.

B. B.: Im Moment (1996) gibt es in Deutschland erst 28 Palliativstationen. In den meisten Krankenhäusern läuft das
Sterben aber leider anders ab als auf einer Palliativstation.

Dr. B.: Die Palliativstationen sollten uns als Vorbild dienen.
Ich finde es aber nicht erstrebenswert, in jedem Krankenhaus
eine Palliativstation einzurichten, auf der sich »Spezialisten«
um die Sterbenden kümmern. Ein Sterbender ist zwischen
Lebenden und den Überlebenden besser aufgehoben, er
möchte »Leben« spüren, nicht schon vor dem Tod separiert
werden, schließlich gehören Leben und Tod zusammen. Ich
schließe das aus meinem eigenen Empfinden: Ich möchte
nicht nur Krebspatientinnen in meiner Abteilung behandeln
und erlebe es als Glück, auch gesunde Frauen mit anderen
Problemen behandeln zu dürfen, wie z. B. Frauen in der
Schwangerschaft, die nicht das Sterben, sondern das Gebären
vor sich haben. Meiner Ansicht nach brauchen wir keine
neue Profession für die Sterbebegleitung. Wir sollten uns
Mühe geben, diese Fähigkeit in uns selbst wieder zu entdek-
ken und zu entwickeln. Das bedeutet jedoch nicht, daß ich
Hospize und Palliativstationen generell in Frage stellen
möchte. Es ist sicherlich wünschenswert, daß es sie gibt. Wir
haben der Hospizbewegung viele Gedankenanstöße zu ver-

danken, und eine wissenschaftliche Begleitung und Weiterentwicklung von Methoden ist am ehesten in einem solchen Zentrum zu erwarten.

B. B.: Wenn Sie eine Patientin in der Endphase haben, besprechen Sie dann im Team, wie sie behandelt wird und auch wie die Sterbebegleitung aussehen soll?

Dr. B.: Ja, auf jeden Fall wird im Team besprochen, wer sich intensiver um die betroffene Patientin kümmert. Durch den Schichtdienst sind es meist wechselnde Personen. Die Krankengymnastin ist nur vormittags auf der Station, die Psychologin nur stundenweise. Freie Wochenenden und Urlaubstage unterbrechen eine Beziehung. Durch das Zusammenführen aller Personen aus den verschiedenen Professionen, also erst durch die multiprofessionelle Teambildung, bekommen alle ein Bild von dem augenblicklichen Zustand der Patientin und vom Stadium der Verarbeitung.

B. B.: Ihre Mitarbeiter sind also alle soweit, daß sie mit einer Sterbebegleitung umgehen können?

Dr. B.: Ja, das kann ich für die Mitarbeiter auf meiner Station sagen. In der Teamsitzung sprechen wir ja über unsere persönlichen Möglichkeiten der Begleitung, auch über Widerstände, über die wir uns nicht immer im klaren sind. Die Kenntnis der eigenen Widerstände ist aber die Voraussetzung für eine echte und ehrliche Zuwendung.

B. B.: Gibt es bei Ihnen also für die Pflegekräfte eine Aussprache über das, was belastet?

Dr. B.: Das ist eine der Aufgaben unserer wöchentlichen Teamsitzung. Inhaltlich geht es dabei um unser Verhältnis zur Patientin und um das Ziel, eine empathische Einstellung zu gewinnen.

B. B.: Wie sieht aus Ihrer Sicht die optimale Behandlung im Sinne des Patienten im Sterbeprozeß aus? Angeschlossen an Maschinen, behandelt, um die ärztliche Ohnmacht zu überdecken?

Dr. B.: Das kann man so nicht verallgemeinern. Auch ich

sehe die Gefahr, daß »Medizin ohne Ende« betrieben wird. Oftmals geschieht in der letzten Lebensphase die Vereinnahmung durch die Medizin sehr unkritisch. Es entlastet einen Mediziner immer, wenn er aktiv sein kann, und die Medizin gibt dazu viele Möglichkeiten, auch bei Sterbenden und Todkranken aktiv zu sein, um sich damit vom Wesentlichen abzulenken. Nur, häufig ist es nicht angebracht, und wenn die Aktivität um ihrer selbst willen eingesetzt und zum Aktionismus wird, ist sie schädlich. Es gibt aber Fälle, wo viel Aktivität seitens der Medizin günstig und nötig ist: Wenn jemand z. B. an einem Darmverschluß stirbt, ohne daß er Nahrung und Flüssigkeit zu sich nehmen kann, wenn ständig Übelkeit und Koterbrechen quälen, erfordert es eine ziemlich intensive medizinische Zuwendung mit zentralem Venenkatheter und ausreichender Flüssigkeitszufuhr, parenterale Schmerztherapie, Magenabsaugung usw.

B. B.: Am wichtigsten ist doch die Lebensqualität. Das restliche Leben sollte erleichtert werden.

Dr. B.: Ja, als Resultat soll es für den Patienten eine Erleichterung geben, das ist der wichtigste Gradmesser. Manchmal erfordert das aber auch Apparate, es hängt von den Möglichkeiten und der Situation ab. Wichtig ist, daß man sich nicht als medizinischer Versager fühlt, wenn man den kurativen Anspruch der Medizin nicht mehr aufrechterhalten kann. Wenn Medizin nicht mehr heilen kann, muß man die andere Möglichkeit der Medizin, die palliative Medizin einsetzen. Es geht dann um die Linderung der Beschwerden, nicht mehr um die Heilung einer Erkrankung.

B. B.: Was erwarten Sie in der Phase von den Angehörigen?

Dr. B.: Bei den Gesprächen mit den Angehörigen ist es sehr wichtig, daß die Gespräche nicht über den Kopf der Betroffenen hinweg ablaufen. Es sollte auf keinen Fall sein, daß den Betroffenen verheimlicht wird, was mit Angehörigen besprochen wird. Man sollte statt dessen zum Ziel haben, daß Angehörige und Betroffene miteinander ins Gespräch kommen.

Das kann man fördern, wenn man mit allen zusammen spricht.

B. B.: Sagen Sie Ihren Patienten die Wahrheit?

Dr. B.: Ja, ich sage immer die Wahrheit, wenn gefragt wird, d. h. ich gebe aber nicht jede eigene Einschätzung weiter, etwa in Form von Lebenserwartungsprognosen, die behalte ich immer für mich. Erstens, weil sie meistens falsch sind; zweitens, weil einem Arzt nicht das Recht zusteht, die Zukunft eines Menschen festzulegen.

B. B.: Es gibt Ärzte, die sagen die Diagnose ausschließlich den Angehörigen, so nach dem Motto: »Nun macht mal!«

Dr. B.: Das entzweit Betroffene und Angehörige und zerstört das Vertrauen des Kranken zum Arzt.

B. B.: Wenn die Angehörigen in dieser Endphase aus Hilflosigkeit sehr verzweifelt sind und immer weitere Behandlungen fordern, die überflüssig sind und auch vor allem den Patienten nur belasten, ist für Sie dann eine Patientenverfügung, die der Patient früher einmal getroffen hat, eine Hilfe?

Dr. B.: Ich fände es bedauerlich, wenn das Gespräch mit Angehörigen auf einer solchen formalen oder juristischen Ebene geführt werden müßte. Bislang konnte ich meine Handlungen immer auch gegenüber Angehörigen inhaltlich vertreten. Es mag aber Situationen, etwa in der Unfallchirurgie geben, in denen der Arzt Patienten zu behandeln hat, die er gar nicht kennt, dann sind solche Verfügungen vielleicht hilfreich.

B. B.: Und wenn Angehörige das entgegengesetzte Anliegen haben, daß sie die Einstellung der medizinischen Maßnahmen wünschen?

Dr. B.: Dann werde ich mich bemühen, ihren Schmerz und ihr Mitleiden zu verstehen. Das Leiden von Angehörigen muß aber für den Arzt einen anderen Stellenwert haben als das Leiden des Patienten, dem allein er verpflichtet ist. Es ist aber richtig zu überlegen, wie man gemeinsam dazu beitragen kann, das Leiden des Kranken zu mindern und wenn Angehörige eine aktive Rolle dabei spielen, ist auch deren Leid gemindert.

B. B.: Kann man von einer Qualität des Sterbens sprechen, und wie wäre sie objektivierbar?

Dr. B.: Die Qualität des Sterbens ist ebensowenig objektivierbar wie die Qualität des vorausgegangenen Lebens. Die kann man für sich selbst feststellen, nicht für andere. Es gibt aber grundlegende Hilfen, die das Sterben leichter machen und damit die Qualität des Sterbens beeinflussen können. Ich nenne dazu: die Gesprächsbereitschaft der Begleiter, nicht alleine sein zu müssen, aber jederzeit zu dürfen, auch nichtverbale Kommunikationsangebote, wie z. B. eine Maltherapie und, was besonders wichtig ist, eine gute Schmerztherapie.

B. B.: Wann ist eine Schmerztherapie gut?

Dr. B.: Wenn die Patienten das Ausmaß der Schmerztherapie und die Dosis der Mittel selbst bestimmen können. Dazu müssen sie über die Prinzipien und die Methodik der Therapie sowie über die zu erwartenden Nebenwirkungen gut aufgeklärt sein. Dann können sie nämlich unabhängig von Arzt und Pflegepersonen sein, müssen nicht auf Besuche und Spritzen warten. Die Schmerztherapie hat in letzter Zeit große Fortschritte gemacht, und die Verbreitung dieser Kenntnisse ist übrigens auch ein Verdienst der Hospizbewegung.

Mit zwei oder drei Einnahmen von Tabletten pro Tag kann ein konstanter Morphinspiegel erreicht werden, ohne daß die Nachtruhe gestört werden muß. Für Patienten, die nicht schlucken können, stehen Pflaster zur Verfügung, die alle drei Tage auf die Haut geklebt werden. Für schwere Fälle gibt es implantierbare Pumpensysteme, die eine kontinuierliche Medikamentendosis abgeben.

Der kranke Mensch sollte die Verfügungsgewalt über die Schmerztherapie auch deshalb selbst haben, weil sie manchmal in der Endphase nicht nur das Leiden, sondern auch das Leben verkürzen kann, und darüber sollte kein anderer Mensch bestimmen.

B. B.: Herr Dr. Braun, ich danke Ihnen für das Gespräch.

Patiententestament

Ein Patiententestament gibt die Möglichkeit, Vorsorge zu treffen, daß z. B. im Falle einer unheilbaren Krankheit lebensverlängernde Maßnahmen unterlassen werden. Die Zustimmung oder Ablehnung einer Organspende kann ebenfalls festgelegt werden. In dem Patiententestament kann auch die Verabreichung schmerzlindernder Medikamente angeordnet werden, auch wenn ihre Gabe mit gesundheitlichen Beeinträchtigungen verbunden ist. Außerdem können ein oder mehrere Betreuer bestimmt werden, für den Fall, daß der Betroffene selber nicht mehr in der Lage ist, seinen Willen zu äußern.

Die Internationale Gesellschaft für Sterbebegleitung und Lebensbeistand e. V. Bingen (IGSL) stellte mir freundlicherweise ihren Entwurf einer »Willenserklärung für lebensbedrohliche Situationen« zum Abdruck zur Verfügung.

Willenserklärung für lebensbedrohliche Situationen

Name: _____

Vorname: _____

Name bei Geburt: _____

Geburtsdatum: _____

Straße / Nr. _____

PLZ / Wohnort: _____

Telefon: _____ Fax: _____

1. Im Vollbesitz meiner geistigen Kräfte ermächtige ich die nachstehend genannte/n Person/en – und zwar jede für sich allein in ihrer Funktion als Betreuer – ausdrücklich, zu medizinisch gebotenen Eingriffen für mich die Zustimmung zu erteilen oder zu verweigern und an meiner Statt in den jeweiligen Situationen auch den Behandlungsabbbruch zu verlangen, falls ich nicht mehr in der Lage bin, selbst entsprechende Entscheidungen über ärztliche Maßnahmen zu treffen.

Ich bestimme als meine/n vom Vormundschaftgericht zu bestellende/n Betreuer:

1. _____

2. _____

2. Unabhängig von dieser Ermächtigung Dritter, zu dringend notwendigen ärztlichen Eingriffen im Falle meiner eigenen Entscheidungsunfähigkeit für mich die erforderliche Zustimmung zu erteilen oder zu verweigern, erkläre ich hiermit in vollem Bewußtsein meiner geistigen Kräfte sowie der rechtlichen und tatsächlichen Bedeutung einer solchen Erklärung, daß ich:

– im Falle einer irreversiblen (nicht mehr umkehrbaren) Bewußtlosigkeit,
– bei wahrscheinlicher schwerer Dauerschädigung des Gehirns (Decerebration),
– bei andauerndem Ausfall lebenswichtiger Funktionen meines Körpers oder
– im Falle einer infausten Prognose (aussichtslosen Vorhersage) hinsichtlich meiner Erkrankung mit ei-

ner Intensivtherapie oder Revitalisierung (Reanima-
tion) nicht einverstanden bin.

Sollte durch eine solche ärztliche Maßnahme lediglich
eine Verlängerung des Sterbevorgangs und damit eine
Verlängerung meines Leidens erreicht werden können,
verweigere ich hiermit ausdrücklich meine Zustimmung zu derartigen ärztlichen Eingriffen (siehe auch Er-
gänzung am Ende der Verfügung).

3. Sollten Diagnose (Feststellung) und Prognose (Vorhersage) meiner Erkrankung von mindestens zwei Ärzten (ungeachtet der Möglichkeit einer Fehldiagnose)
ergeben, daß meine Krankheit mit an Sicherheit gren-
zender Wahrscheinlichkeit zum Tode führen wird, so
bitte ich:
— von weiterer Diagnostik sowie
— von intensivtherapeutischen Maßnahmen abzusehen.

Ich wünsche keine ärztlichen Maßnahmen, die nur zu
einer unnatürlichen Verlängerung meines Lebens führen würden. Vor allem lehne ich ein nur maschinell er-
haltenes Leben ab.
Dies bedeutet gleichzeitig *keine* Einwilligung meinerseits zur aktiven Sterbehilfe, d.h. zur beabsichtigten
und gezielten Abkürzung meines Lebens.

4. Vorstehende Erklärungen stellen keinen allgemeinen
Verzicht auf eine Therapie dar.
Ich wünsche und erkläre mich ausdrücklich einverstanden mit einer vom Arzt anzuordnenden Schmerztherapie und symptomatischen Maßnahmen, auch

wenn diese zu einer Minderung oder Ausschaltung meines Bewußtseins oder wegen einer (vom Arzt nicht beabsichtigten) Nebenwirkung zu einem vorzeitig eintretenden Tod führen sollten.

5. Ich verzichte durch meine Unterschrift ausdrücklich auf eine besondere ärztliche Aufklärung über meinen Zustand und die Herbeiführung einer besonderen Einwilligung.

6. Ich bitte meinen Arzt, diesen Patientenbrief zu den Krankenakten zu nehmen und im Krankenblatt einen entsprechenden Vermerk anzubringen.

Für den Fall, daß ich in ein Alten- oder Pflegeheim komme, verlange ich, daß meine Patientenverfügung vom Träger des Heims beachtet wird und im Falle einer notwendig werdenden Einweisung ins Krankenhaus mitgegeben wird.

7. Für den Fall, daß die Ärzte vorstehend geäußerten Willen nicht respektieren oder dagegen verstoßen, ermächtige ich meine/n Betreuer, rechtliche Schritte wegen Körperverletzung einzuleiten, und zwar unter dem Hinweis darauf, daß jeder medizinische Eingriff ohne meine ausdrückliche Zustimmung im rechtlichen Sinne eine Körperverletzung darstellt und damit strafbar wird.

Im Falle meiner durch die Krankheit entstandenen Entscheidungsunfähigkeit ermächtige ich hiermit meinen Betreuer, für mich verbindlich zu entscheiden. Ich ermächtige und verpflichte meine Ärzte hiermit zur Auskunftserteilung meinen Zustand betreffend gegenüber meinen Betreuern und entbinde sie von der Schweigepflicht.

8. Organspende:

8.1 Diese Verfügung schließt die Ablehnung von Organentnahmen und die Vitalerhaltung zu diesem Zwecke ein. In diesem Sinne lehne ich auch den Empfang von fremden Organen ab, selbst wenn mir diese das Leben erhalten würden.

oder

8.2 Für den Fall, daß die Möglichkeit einer Organspende meinerseits besteht, bin ich mit lebenserhaltenden Maßnahmen bis zu dem Zeitpunkt der Organentnahme einverstanden unter der Voraussetzung, daß für weitgehende Schmerzfreiheit und würdige Begleitumstände gesorgt wird.

(Eine der beiden möglichen Alternativen bitte streichen)

9. Diese Verfügung tritt mit dem Datum der Unterzeichnung bis auf ausdrücklichen Widerruf meinerseits in Kraft.

Ich verstehe die Bedeutung dieser Verfügung und bin im Vollbesitz meiner geistigen Kräfte.

_____   _____

(Ort/Datum)   (Unterschrift der/des Verfassers/in)

Der/die Unterzeichnende ist mir bekannt, und ich habe mich davon überzeugt, daß er/sie im Vollbesitz seiner/ihrer geistigen Kräfte ist.

_____   _____

(Ort/Datum)   (Unterschrift Betreuer)

_____   _____

(Ort/Datum)   (Unterschrift Betreuer)

Eine Kopie dieser Erklärung ist hinterlegt bei:

_____

_____

_____

Zuständiges Vormundschaftsgericht:

Ansprechpartner dort:

Ergänzungen zu Punkt 2:
Bei den folgenden Entwicklungen meines Krankheits-
zustandes verweigere ich weiterhin ausdrücklich
meine Zustimmung zu einer Therapie:

_____

Aktualisierungen / Änderungen:

Vorsorgevollmacht

Eine Vorsorgevollmacht ermächtigt eine Vertrauensperson,
alle oder bestimmte Geschäftsbereiche für den Vollmachtge-
ber auszuüben. Damit kein Fehler gemacht wird, sollten Sie
sich von einem Rechtsanwalt oder Notar beraten lassen. Eine
einfache Vorsorgevollmacht unterliegt keinen besonderen
Vorschriften. Anders ist es, wenn sie den Kauf oder Verkauf
von Immobilien umfassen soll oder eine Gültigkeit über den
Tod hinaus haben soll. Die Vorsorgevollmacht kann ebenfalls
Bestimmungen enthalten, wer für den Fall einer Betreuung
als Betreuer eingesetzt werden soll.
Wie im Falle eines Testaments sichert die Aufgabe bei

einem Notar, daß er im Notfall als neutrale Person bezeugen kann, daß die Vollmacht im Vollbesitz geistiger Kräfte verfaßt wurde. Unter gewissen Umständen kann die Vorsorgevollmacht sich mit einem bereits vorhandenen Testament überschneiden. Sie sollten diese Verfügungen vorsichtshalber überprüfen lassen.

Betreuungsverfügung

Mit einer Betreuungsverfügung kann man bestimmen, wer im Notfall als Betreuer eingesetzt werden soll. Noch wichtiger ist vielleicht, daß man die Möglichkeit hat zu bestimmen, wer auf keinen Fall Betreuer werden soll.

Diese Betreuungsverfügung kann viele Wünsche enthalten, z. B. wer Sie pflegen soll, welches Alters- oder Pflegeheim Sie wünschen, falls eine Unterbringung nicht zu vermeiden ist. Wünsche hinsichtlich der Trauerfeier, der Bestattung, der Grabpflege können ebenfalls festgelegt werden.

Sinnvoll ist es, mehr als einen Betreuer zu bestimmen, da er z. B. auch vor Ihnen sterben kann. Der Betreuer sollte über das Vorhaben vorher informiert werden, denn es könnte der Fall eintreten, daß er eine Betreuung ablehnt. Regeln Sie ebenfalls, ob der Betreuer eine Vergütung erhalten soll oder vielleicht in Ihrem Testament bedacht wird.

Testament

Da es verschiedene Testamentformen gibt, informieren Sie sich darüber bei einem Notar, oder besorgen Sie sich entsprechende Broschüren. Verschiedene Banken haben eigene Schriftenreihen zu solchen Themen. Wenn Sie aber Zweifel haben, ob Sie ein Testament unanfechtbar selbst verfassen können, dann wenden Sie sich lieber an einen Notar.

Alle Verfügungen müssen sorgfältig aufbewahrt werden. Eine Person Ihres Vertrauens sollte wissen, wo diese Dinge abgelegt sind. Sie können sie aber auch bei einem Notar oder Amtsgericht hinterlegen.

Wenn der Todesfall eingetreten ist

Wanderung (Tanka)
Sein Leben erlosch –
die Kraft des Seins fand in dir
ein neues Zuhaus.
Vergänglich nur die Hülle –
sein Geist blieb dir zur Seite.

BRIGITTE BOHNHORST

Nach Eintritt des Todes muß ein Arzt benachrichtigt werden, der die Leichenschau vornimmt. Die Augen des Verstorbenen schließen Sie mit feuchten Wattebällchen, die ca. vier bis fünf Stunden auf den Augenlidern liegenbleiben müssen. Das Kinn wird mit einem Tuch hochgebunden, damit der Mund verschlossen bleibt. Wenn der Kopf leicht erhöht auf einem Kopfkissen liegt, können Sie auch ein gerolltes Handtuch unter das Kinn legen.

Im Krankenhaus, Altersheim oder bei Unfalltod wird die Ausstellung des Totenscheins ohne Zutun der Angehörigen veranlaßt. Bei Freitod oder ungeklärten Unfall- und Todesursachen muß die Kriminalpolizei eingeschaltet werden.

Wenn Sie möchten, können Sie den Verstorbenen waschen und evtl. umkleiden. Vielleicht war es der Wunsch des Verstorbenen, in seinen eigenen Kleidungsstücken beerdigt zu werden, oder Sie selbst möchten ihn in der vertrauten Kleidung in Erinnerung behalten. Diese Arbeit übernimmt auch der Bestatter. Vielleicht haben Sie aber das Bedürfnis, für den Verstorbenen selbst noch einmal etwas zu tun. Haben Sie keine Hemmungen, den Toten zu berühren. Dieses »Begreifen« hilft Ihnen, die Endgültigkeit des Abschieds zu begreifen.

In Gesprächskreisen über Sterben und Tod habe ich Menschen getroffen, die noch Jahre nach dem Tod eines Angehörigen nicht damit fertig wurden, ihn als Verstorbenen nicht berührt zu haben. Sie quälen sich nach Jahren noch mit den Gedanken: Warum scheute ich davor zurück? Warum habe ich ihn/sie nicht in den Arm genommen, geküßt, gestreichelt, berührt? Dieses letzte Berühren scheint für den Trauerprozeß sehr wichtig zu sein.

Im Anschluß an die Leichenschau wird die Todesbescheinigung ausgestellt. Wenn Sie es möchten, können Sie den Verstorbenen für einen bestimmten Zeitraum im Haus aufbahren. Es gibt in den verschiedenen Bundesländern unterschiedliche Regelungen. Der Bestatter kann Ihnen darüber Auskunft geben. Wenn Sie eine längere Aufbahrung zu Hause nicht möchten, aber gleichzeitig für ein paar Stunden die Möglichkeit des persönlichen Abschiednehmens wünschen, wird der Bestatter es Ihnen ermöglichen. Vielleicht möchten Sie noch die Zeit haben, Verwandte, Freunde zu benachrichtigen und auch ihnen dadurch diese Gelegenheit bieten.

Da sich der Körper bald nach Eintritt des Todes zu verändern beginnt, ist eine Abholung der Leiche nach einigen Stunden angebracht. Die Angehörigen wollen sich schließlich das Bild des Lebenden bewahren.

Lassen Sie Ihre Trauer vom ersten Moment an zu, verdrängen Sie sie nicht. So wird der Abschied für Sie leichter.

Leistungen des Bestatters

Der Bestatter nimmt Ihnen, wenn Sie es möchten, die meisten Formalitäten ab. Sie können natürlich diese Dinge alle selbst erledigen, in den meisten Fällen übersteigt es aber die Kräfte der Hinterbliebenen.

Der Bestatter nimmt die Abmeldung beim Standesamt vor und beantragt die Sterbeurkunde. Dazu benötigt er den Toten-

schein, die Geburtsurkunde, die Heiratsurkunde, die Sterbeurkunde eines evtl. bereits verstorbenen Ehegatten und evtl.
Scheidungsurteile. Lassen Sie sich gleich mehrere Sterbeurkunden besorgen, Sie brauchen sie auch für die Abwicklung
anderer Formalitäten. Der Bestatter setzt sich mit der Krankenkasse in Verbindung, klärt evtl. Ansprüche auf Sterbegeld
und meldet der Rentenversicherung den Todesfall. Wenn Sie
es wünschen, erledigt er die Abmeldungen bei privaten Versicherungen, Reichsbund, VdK usw. Der Bestatter organisiert
die Termine mit dem Pastor, der Friedhofsverwaltung, dem
Gruftgräber, den Trägern und dem Organisten. Er besorgt die
Grabstelle. Falls bereits ein Familiengrab besteht, benötigt er
dazu die vorhandenen Grabdokumente. Er plant für Sie die
Aufbahrung (wenn gewünscht), die Trauerfeier, besorgt auf
Wunsch einen Redner, die Musik und die Vorbereitung einer
Kaffeetafel. Der Bestatter kümmert sich um die Trauerbriefe,
die Zeitungsanzeige, bestellt Kränze, Sargschmuck, Kerzen
und Wurfblumen für das Grab. Beratend steht er Ihnen auch
für weitere Formalitäten zur Seite.

Möchten Sie den Verstorbenen einige Stunden im Haus
aufbahren, ist Ihnen dabei der Bestatter behilflich. Sie kön-
nen dazu auch ein Totenhemd über ihn beziehen. Er stellt
Ihnen auch eine Auswahl an Kissen, Decken und Särgen vor.
Sollten Sie sich für Kleidung, Kissen und Decken aus Ihrem
Privatbesitz entscheiden, dann bedenken Sie für den Fall
einer Feuerbestattung, daß alle Materialien aus brennbaren
Naturstoffen bestehen müssen (Wolle, Baumwolle oder
Seide, ohne Schnallen, Knöpfe usw.). Hierbei und bei der
Aufbahrung in einer Kapelle bzw. im Bestattungsunterneh-
men berät Sie ebenfalls der Bestatter.

Sie sollten von dem Verstorbenen ein Foto machen oder
machen lassen. Dieses Foto hilft vielen Angehörigen, den Tod
des Verstorbenen zu akzeptieren, vor allem, wenn sie keine
Möglichkeit hatten, den Toten zu sehen.

Die Bestattungsformen

Die Erdbestattung

Die Erdbestattung ist im ländlichen Bereich auch heute noch die gebräuchlichste Bestattungsform. Hier wird der Verstorbene im Sarg beigesetzt. Die Kosten sind abhängig von der Lage und Größe des Grabes. Es besteht die Entscheidungsmöglichkeit zwischen einem Wahl- und Reihengrab. Wahlgräber sind teurer als Reihengräber. Bei Reihengräbern können Sie keinen Einfluß auf die Lage des Grabes nehmen, sie wird von der Friedhofsverwaltung bestimmt. Es ist immer das nächste Grab in einer angefangenen Reihe. Im Falle einer Erdbestattung ist das Reihengrab die preiswerteste Bestattungsmöglichkeit. Bei einem Wahlgrab können Sie die Lage und Größe selbst bestimmen. Sie haben die Wahl zwischen einem Einzelgrab oder einer Mehrfachgrabstelle. Beim Kauf der Grabstelle erwerben Sie lediglich ein Nutzungsrecht für einen bestimmten Zeitraum. Nach Ablauf dieser Frist haben Sie die Möglichkeit, die Nutzungsdauer zu verlängern. Mit dem Erwerb des Grabes kann ein Grabstein gemäß der Friedhofsordnung gesetzt werden. Möglicherweise gibt es von der Friedhofsverwaltung Vorschriften zur Grabstellengestaltung.

Feuer- und Urnenbestattung

Für eine Feuer- und Urnenbestattung wird die handschriftliche Verfügung des Verstorbenen verlangt bzw. die Einverständniserklärung eines nahen Angehörigen. Der Verstorbene wird im Sarg eingeäschert (verbrannt) und die Asche anschließend in einer Urne beigesetzt. Wie bei der Erdbestattung besteht die Möglichkeit der Grabwahl.

Anonyme oder halbanonyme Bestattung

Bei der anonymen Bestattung wird die Beisetzung der Urne auf einem anonymen Gräberfeld vorgenommen. Der Zeitpunkt und die Stelle der Beisetzung wird in der Regel selbst den nächsten Angehörigen nicht bekanntgegeben. Diese Bestattungsform hat für die Angehörigen den Nachteil, daß es für sie auf dem Friedhof keinen konkreten Ort der Trauermöglichkeit gibt.

In vielen Städten ist inzwischen eine halbanonyme Bestattung möglich. Eine kleine Grabplatte weist auf den Bestattungsort hin.

Die Seebestattung

Bei der Seebestattung wird nach der Einäscherung die Urne in die Nord- oder Ostsee versenkt. Die Urne für eine Seebestattung muß aus einem Material gefertigt sein, das sich später im Meerwasser auflöst. Diese Bestattungsform ist nicht für jeden möglich, es muß eine handschriftliche Verfügung des Verstorbenen vorliegen, in der er seinen Wunsch begründet. Der Verstorbene muß kein Seemann gewesen sein, es reicht, wenn er z. B. schreibt: »Ich fühlte mich mein ganzes Leben lang der See verbunden.« Die Urne wird mit oder ohne Anwesenheit der Angehörigen nach einer kurzen Zeremonie außerhalb der Dreimeilenzone ins Meer abgesenkt. Die Stelle, an der die Beisetzung erfolgte, wird schriftlich festgehalten. Die Angehörigen bekommen später einen Ausschnitt der Seekarte, auf der der genaue Ort markiert ist.

Der Bestatter berät Sie auch in diesen Fragen.

Kosten der Bestattung

Es entstehen Kosten für verschiedene Bereiche. Private Kosten für die Trauerkleidung, Blumen, Kränze und eine evtl. Bewirtung nach der Beisetzung. Die Kosten für das Bestattungsunternehmen umfassen z. B. Erledigung von Formalitäten; Waschen, Einkleiden und Überführung der Leiche; Erwerb des Sarges und der Ausstattung; Aufbahrung usw. Es entstehen Kosten für die ärztliche Leichenschau, Sterbeurkunden, für den Redner, den Organisten, die Träger usw. Dazu kommen die kommunalen Abgaben wie Grabnutzungsgebühren und Bestattungsgebühren. Später noch Kosten für den Grabstein, die Grabplatte und die evtl. gärtnerische Grabpflege. Es gibt Preisdifferenzen sowohl bei den Bestattungsinstituten als auch bei den kommunalen Gebühren. Jede Stadt oder Gemeinde hat eine andere Gebührenordnung.

Die Möglichkeit des Preisvergleichs hat man eigentlich nur, wenn man sich zu Lebzeiten um diese Dinge kümmert. Es gibt die Möglichkeit, ein Bestattungsunternehmen nach dem Preisvergleich auszuwählen. Man bestimmt selbst den Sarg und seine Ausstattung; die Kleidung und die Form der Beerdigung. Es ist dann möglich, auf einem Sparbuch den Geldbetrag mit einem entsprechenden Sperrvermerk zu hinterlegen. Nach dem Todesfall kann der Bestatter über das Geld zur Abwicklung der Beerdigung gegen Vorlage einer Sterbeurkunde verfügen. Die Zinsen fangen in der Regel evtl. Preiserhöhungen auf.

Was muß außerdem erledigt werden?

Der Erbschein muß beantragt werden. Der Antrag kann formlos mündlich oder schriftlich beim Amtsgericht gestellt werden.

Es bestehen außerdem evtl. weitere Ansprüche auf Hinterbliebenenbezüge, z. B. die betriebliche Unfallversicherung oder Ansprüche gegenüber der Berufsgenossenschaft bei Arbeitsunfällen und Berufskrankheiten. Auch das Versorgungsamt kann u.U. in Anspruch genommen werden. Welche Unterlagen benötigt werden, können Sie vorher telefonisch klären.

War der Verstorbene noch berufstätig, muß der Arbeitgeber informiert werden. Auch ihm senden Sie am besten eine Sterbeurkunde zu.

Manche Versicherungen müssen nicht gekündigt, sondern auf die Angehörigen umgeschrieben werden. Eine Auflösung ist nicht immer sinnvoll.

Mitgliedschaften und Abonnements müssen aufgelöst werden. Gibt es bei diesen Verträgen keine Kündigungsmöglichkeit für den Todesfall, kann der Erbe nur unter den Bedingungen kündigen, die auch für den Verstorbenen galten.

Ein Mietverhältnis erlischt nicht automatisch bei Tod des Mieters. Der Ehegatte oder Familienangehörige, mit dem ein gemeinsamer Hausstand geführt wurde, kann in das Mietverhältnis eintreten. Außerdem besteht das Recht zur vorzeitigen Kündigung. Die Kündigung mit dreimonatiger Frist muß sofort erfolgen, sonst gilt die normale Kündigungsfrist. Durch die Bereitstellung eines Nachmieters kann man evtl. die Kündigungsfrist verkürzen, falls der Vermieter damit einverstanden ist.

Außerdem müssen das Fernmeldeamt, die Stadtwerke oder ähnliche Energieversorgungsunternehmen benachrichtigt und die Verträge gekündigt werden.

Zusammenfassung der zu benachrichtigenden Stellen (alphabetische Reihenfolge):

Amtsgericht, Arbeitgeber, Arzt, Bank/Sparkasse, Finanzamt, Kirche, Krankenversicherung, Privatversicherungen, Rentenversicherung, Sachversicherung, Stadtwerke, Standesamt, Unfallversicherung, Verbände, Vereine, Verlage (Abonnements), Vermieter.

Persönliche Erfahrungen
im Umgang mit Sterbenden

»Die Krise des Herrn M. durch die schwere Krankheit und den Tod seiner Ehefrau«

Barbara Roßner, Klinikpfarrerin und Pastoralpsychologin in Heidelberg

Ich lernte Herrn und Frau M. (33 und 35 Jahre alt) auf der Intensivstation kennen, kurz nachdem bei Frau M. aufgrund einer Virushepatitis eine Lebertransplantation vorgenommen worden war. Beide waren froh und dankbar, daß die Transplantation gelungen war. Es herrschte eine heitere Stimmung im Krankenzimmer, und Frau M. freute sich darauf, demnächst ihre beiden Kinder im Alter von fünf und neun Jahren wiedersehen zu können.

Bald darauf verschlechterte sich der Zustand von Frau M. rapide, sie bekam Fieber und wurde wieder beatmet. Als ich mit Herrn M. im Krankenzimmer saß, die Schwester hatte uns noch Tee gebracht und uns dann allein gelassen, begann er von sich zu erzählen. Er berichtete im Verlauf des Gesprächs von einer eigenen Erkrankung, bei der seine Frau ihm beigestanden hatte, und davon, wie eng die Beziehung zwischen ihnen sei. Seine Frau habe ihm die Möglichkeit gegeben, sich zu öffnen, nachdem er aufgrund einer schwierigen Kindheit sehr verschlossen gewesen sei. Für ihn sei es unvorstellbar, seine Frau zu verlieren.

Er erzählte weiter, daß sein Schwiegervater vor einiger Zeit Selbstmord begangen habe, indem er mit dem Auto in einen Fluß gefahren sei. Herr M. fühlte sich seit kurzem ebenfalls von diesem Fluß angezogen.

Am nächsten Abend traf ich Herrn M. bei einer Podiumsdiskussion über Lebertransplantation und sprach ihn anschließend an. Ich machte mir große Sorgen um ihn, da sich der Zustand seiner Frau weiter verschlechtert hatte. An diesem Abend hatten wir noch ein längeres Gespräch, in dem ich ihn noch einmal auf seine Äußerung vom Vortag ansprach. Ich versuchte ihm zu vermitteln, daß ich ihn in seiner Verzweiflung verstehen könnte.

Ich fragte Herrn M. dann im Verlauf des Gesprächs, ob es etwas gäbe, was ihn halten und ihm Schutz geben könne, wenn seine Frau sterben würde. Wir sahen uns sein familiäres und soziales Umfeld an, um zu prüfen, ob er irgendwo Halt finden könnte.

Die engste Beziehung hatte er zu seiner Frau, die seit 16 Wochen im Krankenhaus lag. Eine Retransplantation stand bevor, deren Erfolg aber fraglich war. Das schlimmste für ihn war, daß die emotionale Beziehung zu seiner Frau abgerissen war, die er selbst in der Zeit des Komas gespürt hatte. Vielleicht, so meinte er, könnte es ihm helfen, wenn er ihr versprochen hätte, für die Kinder dazubleiben. Nun würde sie ja aber nicht mehr vor der zweiten Transplantation aufwachen. Natürlich wisse er, daß er für die Kinder da sein müsse. Im Moment sei es aber nur ein seidener Faden, der sie mit ihm verbinde. Er sei sich nicht sicher, ob dieser Faden ihn halten könnte.

Seine Großeltern, die ihn zeitweise aufgezogen hatten und zu denen er ein enges Verhältnis hatte, waren in den letzten drei Jahren gestorben. Das hatte auch das Leid seiner Kindheit, abgeschoben und verlassen worden zu sein, neu belebt. Zu seinen Eltern und seinem Bruder bestand kein so enges Vertrauensverhältnis, daß es ihm Halt hätte geben können. Die Schwiegermutter, der Schwager und die Schwägerin unterstützten ihn nach Kräften und versorgten die Kinder. Sie waren aber nicht in der Lage, sein Empfinden zu verstehen, daß seine Frau ein Teil von ihm sei, ohne den zu leben für ihn unvorstellbar sei.

Das Verständnis seines Arbeitgebers war groß, man gewährte ihm erhebliche Arbeitserleichterungen. Doch kamen jetzt die Fragen, wann er endlich wiederkäme. Druck lastete auf ihm, wie sollte er es schaffen?

Den Vorsitz im Schachclub hatte er abgegeben und nicht mehr an Turnieren teilgenommen. Fahrten mit dem Motorroller traute er sich nicht mehr zu. Der Fluß zog ihn zu stark an.

Zu all diesen Verlusten kam hinzu, daß Herr M. durch die lange Krankheitszeit seiner Frau, die weiten Fahrten nach Heidelberg (pro Fahrt 250 km), die Versorgung der Kinder und Schlaflosigkeit physisch und psychisch total erschöpft war. Er wollte seiner Frau Trost und Zuversicht geben, sie aber durchschaute seine Hilflosigkeit und sagte: »Gib doch zu, daß auch du Angst hast.« Das alles kostete viel Kraft.

Am folgenden Tag, einem Freitag, hatte sich die Lage weiter zugespitzt. Die Replantation war dringend notwendig, aber die Hoffnung auf das rechtzeitige Angebot einer neuen Leber und ein Gelingen der Transplantation war gering. Die Spannung war unerträglich geworden. Herr M. spürte, daß die Verbindung zu seiner Frau abgerissen war. Er konnte es kaum noch aushalten, dem Sterben seiner geliebten Frau zuzusehen. Er wurde bedrängt von dem Gedanken, irgendwo hinaufsteigen und hinunterspringen zu müssen. Es gelang ihm aber, seine Verzweiflung in einem weiteren Gespräch mit mir anzusprechen. Er erwähnte, »reif für die Psychiatrie« zu sein.

Ich nahm diese Äußerung positiv auf, indem ich sagte, daß in dieser Situation ein Schutz von außen für ihn wohl die einzige Möglichkeit sei, um zu überleben. Es sei wohl nötig, daß für ihn gesorgt werde, obwohl es ihm natürlich schwerfallen werde, nicht für die Kinder dasein zu können. Am gleichen Abend ließ er sich freiwillig in die Psychiatrie einweisen. Er wurde erst einmal medikamentös ruhiggestellt, aber auch durch Gespräche unterstützt – besonders am folgenden Tag, als seine Frau starb.

Es folgte ein längerer Aufenthalt in der Psychiatrie, unterbrochen durch die Teilnahme an der Beerdigung und Besuche bei den Kindern, die von der Schwiegerfamilie versorgt wurden. Phasen massiver Trauer schüttelten ihn, aber ganz allmählich wuchs auch wieder die Fähigkeit, für sich und die Kinder Verantwortung zu übernehmen. Herr M. drückte es so aus: »Ich hätte den leichten Weg in den schnellen Tod nehmen können. Aber ich will den schwereren, langen wählen und für die Kinder dasein.« Von der Psychiatrie aus nahm Herr M. Kontakt zu einem Therapeuten in der Nähe seines Heimatortes auf. Nachdem die Medikamente abgesetzt waren und die Therapie gut anlief, wurde er nach sieben Wochen Psychiatrie entlassen.

Zu Hause im Dorf galt es, vielen Gerüchten zu begegnen: Es wurde erzählt, seine Frau hätte Aids gehabt und er habe sie angesteckt. An seiner Arbeitsstelle hieß es, er hätte die Ärzte tätlich angegriffen und sei deshalb in die Psychiatrie eingeliefert worden. Er berichtete allen Kollegen offen, was wirklich geschehen war.

Zu Hause folgte eine schwere Zeit voll Trauer und Einsamkeit. Herr M. war inzwischen wieder arbeitsfähig und konnte für seine Kinder sorgen. Seine Trauer wurde für ihn etwas erträglicher, als er in einer Selbsthilfegruppe Lebertransplantierter eine Freundin fand, die etwa zur gleichen Zeit ihren Mann verloren hatte.

Zum Abschluß seines Klinikaufenthalts in Heidelberg machte mir Herr M. ein Geschenk, das mich sehr freute. Er schenkte mir eine Sonnenblume und sagte dazu: »Als Symbol des neuen Lebens, das ich jetzt beginne.«

Reflexion

In den Gesprächen mit Herrn M. hatte ich das Gefühl, es mit zwei Teilen seiner Persönlichkeit zu tun zu haben.

Einerseits war da der Ehemann und Vater, der alle seine

Kräfte einsetzte, um seine Frau zu unterstützen, für seine Kinder dazusein usw. – und andererseits war da der verletzliche Mensch, zutiefst verunsichert, voller Angst und Verzweiflung, unverstanden, ohne echten emotionalen Halt, in totaler Erschöpfung und bedürftig, endlich auch Hilfe für sich selbst zu finden.

Dieser Zwiespalt, so meine ich, drohte ihn zu zerreißen, so daß er fast nur noch den Ausweg der Selbstzerstörung zu sehen schien. Wichtig war es, diese Doppelrolle zu sehen und ernst zu nehmen.

Die Appelle der Familie: »Du darfst so etwas nicht denken, du mußt durchhalten«, konnten nicht greifen. Sie verstärkten noch den Druck, weil einfach keine Kraft mehr vorhanden war. Die entscheidende Hilfe kam an jenem Freitag, als er spürte, daß beides nebeneinander stehen konnte: auf der einen Seite seine Sorge um und für die Frau, die Verantwortung für die Kinder und auf der anderen Seite das Ernstnehmen der eigenen Not.

Die Begegnung mit Herrn M. hat mich tief angerührt und bewegt. Sie hat mich gelehrt, das Bild: »Kranke brauchen Hilfe, und die Angehörigen sind die Helfer« gründlich zu hinterfragen und zu ersetzen durch die Bemühung, genauer hinzuschauen, wo und wie Hilfe nötig ist.

Ich sehe mit Hochachtung, wie Herr M. in seiner Trauer seinen Weg ging und geht. Wie er offen dem Klatsch und Unverständnis begegnet, der jeden trifft, der in der Psychiatrie war und eigenständig geworden ist. Ich habe den Eindruck, daß er an all dem gewachsen ist. Ein Wort, das mir auffiel, nachdem er mir die Sonnenblume geschenkt hatte, kann nun auch für ihn gelten: »Für dunkle Stunden wünsche ich dir die Eigenschaften der Sonnenblume, die ihr Gesicht dem Licht zuwendet, während die Schatten hinter sie fallen.«

»Angst vor der Kraft«

Brigitte Bohnhorst (1964)

Stille auf der verlassenen Station. Ab und zu zerschneidet ein qualvolles Stöhnen die Ruhe. Nur ein Zimmer besetzt. Warum hebt sich der Fuß so schwer über die Schwelle? Warum schnürt mir die Angst die Kehle zu? Ist es die unvorbereitete Konfrontation mit dem Tod? Kein leicht erlösender, sondern ein schwer erkämpfter. Bin ich mit 15 Jahren zu jung um zu lächeln, Trost zu spenden? Kann man trösten? Trost mildert nicht die grenzenlosen Schmerzen.

Warum gerade sie? Sie, die einzige, die uns mit mütterlicher Wärme empfangen, den Einstieg in den Schwesternberuf durch ihre Herzlichkeit erleichtert hat. Wir sind doch noch so jung! Was kann ich für sie tun, was sagen?

Tür öffnen – lächeln, lächeln. Warum hängt vor solchen Zimmern keine Maske der Barmherzigkeit, die man sich einfach überstülpt? Woher die Kraft nehmen, ich habe sie noch nicht. Die Gesichtszüge verrutschen – immer wieder entgleist das Lächeln. Warum hilft mir keiner?

Es kommt Hilfe. Wie beschämend – sie hilft mir. Sie versucht, ihr Gesicht zu entspannen, bringt den Anflug eines Lächelns auf ihre schon vom Tod gezeichneten Züge, greift tröstend nach meiner Hand. Tränen steigen in mir hoch, Flucht zur Tür. Schon beginnt ihr Stöhnen, ihre Kraft reicht nicht aus, meinem Fliehen mit dem Blick zu folgen.

Draußen vor der Tür empfängt mich wieder die Stille der verlassenen Etage. Wo sind die üblichen Geräusche: klappende Türen, Wortfetzen, Lachen, Quietschen rollender Betten, lärmende Bohnermaschinen. Warum ließ man mich mit der Sterbenden allein? Jedes Stöhnen zerreißt mir das Herz. Wie oft werde ich in meinem Leben mitleiden müssen, stumpft man jemals ab?

Stunden vergehen, dann hat der Tod gesiegt. So oft hat sie mir noch ihren Mut gezeigt und ich meine Angst. Abschied am offenen Sarg. Dabei den Schwur abgelegt, so oft wie möglich vor der Begegnung mit dem Tod davonzulaufen.

»Abschied aus der Ferne«

Brigitte Bohnhorst und K. W.

12. April 1992
Verehrte, liebe Freunde,
    meine Damen und Herren!
Ein nicht ganz leichtes Vierteljahr liegt hinter, ein sicherlich nicht leichteres vor mir. Ich bin erkrankt, operiert, mit begrenzter Lebenszeit an die liegengebliebene Arbeit entlassen. Ich bemühe mich, entstandene Pflichten einzulösen.

In den letzten Monaten hat es eine Fülle von Geburtstagen gegeben, die ich unbeachtet verstreichen ließ, erreichten mich Trauerbriefe, die unbeantwortet blieben, besuchten mich wiederholt Fleurop-Beauftragte, gab es Termine, Verabredungen und Besuchszusagen, die ich nicht einhalten konnte. Es wird weiterhin schwierig sein, neue Begegnungen zu arrangieren und Absprachen zu treffen.

Eines aber kann ich heute mit diesen Zeilen tun: Ihnen gratulieren, Ihnen kondolieren, mich bedanken, mich entschuldigen, Ihnen Bericht geben, wie es um mich steht. Und das ist viel! Entschuldigen Sie, daß ich alles dies im Abzugsverfahren und auch noch per Drucksache unternehme. Ich gehe davon aus, daß Sie Verständnis dafür haben. Soweit es in meinen verbliebenen Kräften steht, werde ich versuchen, die noch ausstehenden Vorhaben zu realisieren.

Von Besuchen bitte ich Abstand zu nehmen, Telefonate bitte ich möglichst zu vermeiden, zumal ich hoffe, die meiste mir verbleibende Zeit in meinem Ferienhaus zu verbringen.

K. W.

14. April 1992

Des schwarzen Vogels Flügelschlag,
dessen frostiger Hauch dich streifte,
läßt uns erbeben.

Mein lieber, verehrter Freund,
nach Rückkehr aus dem Urlaub fand ich Deinen Brief vor, der große Bestürzung und Schmerz bei mir auslöste. Ich habe in den vergangenen Monaten häufig an Dich, an Euch gedacht, wähnte Dich immer putzmunter auf Reisen.

Lieber K., es ist so schwer, die richtigen Worte zu finden. Man kann sich noch so sehr mit der menschlichen Endlichkeit, egal, ob es die eigene oder die anderer Menschen ist, beschäftigen – die Fassungslosigkeit überfällt einen in jedem Fall. Es gibt keine Trostworte für Dich, das Leben ist manchmal einfach zu brutal. Wir können nur die Chance nutzen, zu unserer beider Lebzeiten voneinander Abschied zu nehmen.

Mir bleibt nur die Hoffnung, daß meine Wünsche für Dich vielleicht in Erfüllung gehen. Ich hoffe, daß Dir genügend Zeit verbleibt (was ist genügend?), von Deiner Frau und Deiner restlichen Familie Abschied zu nehmen, ohne Panik und Streß für Dich, daß Deine Lieben Dir Dein Sterben irgendwann nicht unnötig schwermachen. Ich wünsche Dir, bis zum letzten Moment, eine schmerzfreie Zeit. Eine Zeit, in der Du Dinge, die Dir besonders am Herzen liegen, noch erledigen kannst. Ach, lieber Freund, laß Dich, laßt Euch, ganz einfach in den Arm nehmen – mir fehlen mehr Worte...

B. B.

3. Juni 1992

Liebe Brigitte,
ich freue mich, daß alles zu klappen scheint. – ... Bin bis Montag in meinem Ferienhaus. Meine Geheimnummer..., falls Dich etwas quält. Herzlichst! Dein K. W.

11. Juni 1992

Ich holte K. in B. ab, wir fuhren dann nach C. zu einem beruflichen Treffen. Während der ganzen Fahrt sprach K. über sein Sterben und seinen Tod. Er hatte keine Angst vor dem Sterben, er bedauerte nur, daß er viele berufliche Pläne nicht mehr ausführen konnte. Er wollte ein paar Vorhaben in einer verkürzten Form umsetzen. Für ihn stand immer nur die Frage im Raum, wie lange noch, was kann ich noch schaffen? Froh war er, daß er schon frühzeitig für seine Familie vieles organisiert hatte. Er wollte für sie möglichst bis zuletzt alles erledigen.

Kurz vor unserem Ziel zitierten wir Texte aus einer gemeinsamen Arbeit. Sie kreisten um das Leben, jetzt unsere Gedanken und Gespräche um seinen Tod. Noch einmal erzählte er mir die Geschichte, wie er seine Frau kennengelernt hatte. Dieses Mädchen, das immer irgendwo in der Welt, wo er sich gerade befand, auch war. Es mußte doch eine Bedeutung haben...!

Während unserer Arbeit in C. war K. absolut konzentriert. Beklommenheit herrschte nur bei den Anwesenden, die alle wußten, wie es um ihn stand. In unserer Mittagspause spazierten wir in einen Park. Unter einer großen Eiche setzten wir uns auf eine Bank. K. berichtete mir von seinen Kriegserfahrungen, wieviel Glück er damals gehabt hatte. In Stichworten erzählte er seine Lebens- und Familiengeschichte. Mit Liebe und Bewunderung sprach er von seiner jetzigen Frau.

Ein Schleier legte sich über seine Augen, als das Gespräch auf seinen kleinen Enkel kam. Er war verliebt in diesen winzigen Burschen, der lange auf sich warten ließ. Eigentlich hatte er auch mit ihm noch viele Pläne gehabt, dies Kinderleben fing ja gerade erst an...

Die Ärzte hatten ihm gesagt, er würde das Weihnachtsfest nicht mehr erleben. Er hatte für sich beschlossen, den Termin zu überschreiten. Kurz vor Weihnachten wollte er seine Familie nicht allein lassen. Dieses Ziel mußte er erreichen.

Nach der Pause setzten wir unser Programm fort. Mir fiel es sehr schwer, mich auf die Sache zu konzentrieren, K. agierte, als wäre es ein ganz normaler Tag in einem langen Leben.

Abends auf der Rückfahrt drehte sich wieder das Gespräch nur um seine Situation.

Wir waren noch in C., als er plötzlich zu mir sagte: »Du hast ihm die Vorfahrt genommen!« Ich bekam einen fürchterlichen Schreck. So nebenbei hatte ich mich nur gewundert, weshalb der andere Autofahrer eine Vollbremsung machte. Es interessierte mich allerdings nur am Rande, mit Verstand und Gefühl war ich auf K. konzentriert. Bei dem Gedanken, daß ihm etwas hätte zustoßen können, klopfte mein Herz bis zum Hals. Die ganze Fahrerei war so unwirklich, es zählte nur unser Gespräch. In B. wieder angekommen, verabschiedeten wir uns, und ich mußte noch fast eine Stunde bis zu meinem Heimatort fahren. Ich weiß nicht mehr, wie ich nach Hause gekommen bin. Meine Gedanken drehten sich nur um ihn.

Juli 1992

K. schickte mir ein paar Texte von sich: Abschiedsgedanken, Wehmut, Gedanken um Metastasen und ein inneres Lächeln über so gut gemeinte Ratschläge von Gästen. (Es schmerzt noch heute, diese Texte zu lesen.)

Für September hatten wir ein Arbeitstreffen geplant.

Anfang September sahen wir uns wieder, es sollte unser letztes Treffen sein. K. leitete wie immer souverän die Veranstaltung, ich hatte Mühe, mich zu konzentrieren. In den Pausen an diesem Wochenende sonderten wir uns etwas von den anderen ab. Unsere Gespräche kreisten wieder um sein Ende. Es war nie Bitterkeit oder Verzweiflung auf K.s Seite, höchstens Enttäuschung über die Kürze der Zeit und Sorge um seine Familie. Es waren schöne und gleichzeitig traurige Stunden. Am letzten Tag tranken mein Mann und ich zu seiner gewohnten Zeit noch einmal mit ihm gemeinsam einen Whisky. Er genoß ihn. Der Abschied tat schon weh, wir wußten nicht, ob wir uns noch einmal wiedersehen würden.

Kurze Grüße, Wünsche gingen noch hin und her. Und immer diese Angst, er könne vielleicht nicht mehr leben, wenn etwas länger die Post ausblieb.

Mitte Februar 1993 erreichte mich in einer Klinik nachgeschickte Post, u.a. auch ein Brief von K. Er schickte ihn aus einer Klinik und unterschrieb mit: »Auf dem Totenbett.« Der Brief war eine Woche vorher geschrieben worden, bevor er mich erreichte. Es war eine furchtbare Situation. Ich versuchte K. noch zu schreiben, wußte aber nicht, ob mein Brief noch einen Lebenden erreichte.

Zwei Tage, nachdem K. den Brief schrieb, war er gestorben.

Später schrieb mir seine Frau:
…Als mein Mann wußte, daß er unheilbar krank war, war seine größte Sorge nicht, daß er sterben mußte, sondern wie und wo. Als ihm der behandelnde Arzt, mit dem sich K. gut verstand, zugesagt hatte, er könne bei ihm auf der Station ein Zimmer bekommen für seine letzten Lebenstage, wurde er ruhig und konnte sich entspannen. Es ist also sein ausgesprochener Wunsch gewesen, nicht zu Hause, sondern in der Nähe der ärztlichen Hilfe bleiben zu können. Auch andere Motive spielten sicherlich eine Rolle, z.B. mich möglichst zu

entlasten. Gott sei Dank durfte er mit der ärztlichen Fürsorge ganz friedlich einschlafen, umgeben von seiner Familie – aber mir ist klar, daß das nur für einen »Privatpatienten« so optimal gelöst werden konnte. Deshalb müssen die Möglichkeiten für »Jedermann« geschaffen werden.

Wenn ich an das Sterben meines Mannes denke, habe ich bei aller Trauer immer auch ein Gefühl der Dankbarkeit. Anders ist es mit meinem Vater, der, obwohl liebevoll gepflegt in seinem Seniorenheim, allein starb. Wir waren am Nachmittag bei ihm gewesen und ich habe die Zeichen nicht erkannt – es hat mich auch niemand aufmerksam gemacht – heute, nach dem Erleben mit meinem Mann, würde ich anders reagieren, wäre bei ihm geblieben, obwohl ich den Dienst hätte versäumen müssen. So starb mein Vater allein in der Nacht nach unserem letzten Besuch, und obwohl das nun 13 Jahre her ist, treibt es mir immer noch die Tränen in die Augen.

»Peters Abschied – Abschied von Peter« – Lernen, daß Sterben »O. K.« ist

Anita Lammermann und Kai-Uwe Schütz

Am 29.9.1991 starb Peter Lammermann im Alter von 22 Jahren nach langer Krankheit. Er starb nicht in einer sterilen Krankenhausatmosphäre, sondern im Frieden mit sich selbst zu Hause, im Kreise seiner nächsten Angehörigen.

Peter war an Morbus Recklinghausen (Neurofibromatose) erkrankt, einer Erbkrankheit, aufgrund derer sich zunächst gutartige Tumore im Bereich der motorischen Nerven bilden, die aber in ca. 20 Prozent der Fälle bösartig werden. Die Tumorbildung kann zu einer enormen Wirbelsäulenverkrümmung führen.

Mit vier Jahren wurde Peter das erste Mal operiert, an einem kleinen Tumor im rechten Halsdreieck. Die Ärzte sagten damals, die Krankheit sei unbehandelbar, die Betroffenen würden höchstens 40 Jahre alt, aber auch schon im Kindesalter könne beispielsweise der Lungennerv ausfallen.

Peter wuchs zunächst heran in dem Bewußtsein, gesund zu sein. Als er 14 Jahre alt war, war sein Tumor etwa faustgroß. Ein Jahr später wurde er sozusagen über Nacht doppelt so groß; in einer langen mühevollen Operation konnte er größtenteils entfernt werden.

Neun Monate später, Peter war jetzt 16 Jahre alt, wurde dann ein pflaumengroßes Neurofibrosarkom auf der rechten Schulter entfernt. Peter bekam Bestrahlungen. Die Ärzte kamen jedoch bald zu der Erkenntnis, daß eine Aussicht auf Erfolg überhaupt nur bei erheblicher Erhöhung der Strahlendosis unter Einbeziehung des Knochenmarks bestünde. Die hätte allerdings weitreichende Folgewirkungen gehabt: Der betroffene Arm wäre funktionsunfähig geworden, Phantomschmerzen wären aufgetreten, und die Haut wäre total zerstört worden, was zahlreiche langwierige Hauttransplantationen nach sich gezogen hätte.

Nach reiflicher Überlegung lehnte Peter die Fortsetzung der Strahlenbehandlung ab. In der Zeit, die ihm noch verblieb, wollte er nicht auch noch zusätzlich verkrüppelt, entstellt und ständig operiert werden. Auch der Radiologe gab schließlich auf die Frage, was er denn tun würde, wenn er selbst betroffen wäre, die eindeutige Antwort, daß er gar nichts machen würde.

Nach der Schule versuchte Peter eine Lehre als Bürokaufmann, was aber an Schwierigkeiten beim Sitzen scheiterte. Er lebte dann, in Erfüllung seines größten Wunsches, in einer eigenen kleinen Wohnung und war in einem kirchlichen Jugendzentrum als ehrenamtlicher Mitarbeiter tätig, bis der Tumor nach fünf Jahren im Januar 1991 mit aller Macht wieder zu wachsen begann. Peters Bewegungsfreiheit wurde zunehmend eingeschränkt, die Schmerzen wurden größer. Schließlich mußte er die liebgewonnene Unabhängigkeit aufgeben. Im April 1991 kam er nach Hause zurück, wissend, daß er bald sterben würde.

Nachdem die Eingewöhnung zu Hause und die direkte Auseinandersetzung mit dem Näherrücken des unvermeidlichen Todes zunächst nicht unproblematisch war, änderte sich dies bald. Die letzten Wochen und Monate seines Lebens waren nicht nur von einem langsam fortschreitenden körperlichen Verfall, sondern auch von einem Prozeß des inneren Reifens, des Lernens und des Erkennens gekennzeichnet, sowohl bei Peter selbst als auch bei den ihn versorgenden Angehörigen.

Das offene Gespräch über das Nahen des Todes, die Pflege in dem Bemühen, es Peter so angenehm wie möglich zu machen, und die Art und Weise, wie Peter selbst mit alledem umging, ließen keinen, der dies, etwa als Besucher, miterlebte, unberührt. In ihrem Tagebuch hat Peters Mutter, Anita Lammermann, eindrucksvoll viele schöne und unvergeßliche Augenblicke in den Wochen bis zu Peters Tod dokumentiert.

Das Besondere an Peters Sterben und der Sterbebegleitung sprach sich im Freundes- und Bekanntenkreis der Familie Lammermann und auch in der Gemeinde, in der sie lebt, herum. Viele machten sich plötzlich selbst Gedanken über den Tod und das Sterben.

Abschied der Familie

Ja, daß Sterben »O. K.« ist, das mußten auch wir in der Familie und im Freundeskreis lernen.

Als Peter bei seinem letzten Krankenhausaufenthalt im März erfahren hatte, daß eine Operation nicht mehr gemacht werden konnte, brauchte er drei Wochen, um innerlich soweit zu sein, daß er wieder nach Hause ziehen wollte.

In diesen drei Wochen hat er folgende Schritte durchgemacht.

1. Meine Wohnung gebe ich aber noch nicht auf
2. Vielleicht komme ich doch schon dieses Jahr
3. Oder doch schon Ende Mai oder Juni
4. Auf jeden Fall noch diesen Monat
5. Am liebsten schon nächste Woche

Wir hatten inzwischen alles vorbereitet, und so kam er dann am 20. April mit seinem ganzen Haushalt wieder zu uns, denn sterben wollte er zu Hause.

Er hatte ja seine Krankheit schon lange akzeptiert, aber was das Sterben anbetraf, so befand er sich wohl im Stadium der Depression, aber auch Aggressionen und Wut kamen oft durch. Diese Zeit war für uns alle nicht leicht. Peter war einsilbig, ablehnend, ja sehr verschlossen. Gespräche waren nicht möglich. Er hat für sich allein in seinem Zimmer gewohnt und uns kaum beachtet.

Auf die Frage unseres Pastors, ob er ihn einmal besuchen dürfe, hat er uns geantwortet: »Ich brauche noch keinen Pastor!« Er hat ihn dann trotzdem an seinem Geburtstag Ende Mai besucht, und später waren dann auch Gespräche mit ihm möglich.

In dieser für Peter sehr einsamen Zeit war es ein Segen, daß Herbert, ein Familienvater aus dem Haus, lange krank geschrieben war. Bei ihm draußen hat Peter oft gehockt. Sitzen und Stehen konnte er nicht mehr gut. Sie haben sich etwas erzählt oder auch geschwiegen. Und noch etwas Schönes gab's für Peter: Herberts Familie hatte sich einen Hund angeschafft. Die beiden haben sich sehr angefreundet. Auch später hat der Hund ihn oft besucht oder bei ihm gelegen. So hatte Peter am Ende seines Lebens noch ein Tier, was er sich schon immer gewünscht hatte.

Ja, und dann fiel mir eines Tages Ende Juli auf, daß Peter den Fernseher nicht mehr laufen hatte und daß er nur auf seinem Bett lag und immer lange hinter mir hersah, wenn ich an seiner stets offenen Zimmertür vorbeiging. Ich habe dann gefragt: »Peter, du siehst so aus, als ob du Langeweile hast, soll ich dich mal besuchen?«

Und plötzlich war das Eis gebrochen. Die Angst um seine Schwester, die für eine Woche verreisen wollte, war so groß, daß er einfach reden mußte. Und schließlich hat er sie gebeten, nicht wegzufahren, sondern bei ihm zu bleiben. Es waren bewegende Stunden und Tage – und für Peter der Anfang des Stadiums der Annahme.

Wir haben uns dann vorsichtig an Peter herangetastet, denn er war noch sehr empfindlich, was Nähe anbetraf. Wir haben Karten gespielt, gewürfelt, und jeden Nachmittag waren wir zusammen im Garten unterm Nußbaum. Peter konnte immer noch die Treppe hinuntergehen, aber dann mußte er gleich wieder liegen. Wir hatten oft Besuch draußen, was für Peter schön war, wenn er sich wohl auch selten am Gespräch beteiligt hat.

Schmerzen

Während der ganzen Zeit zu Hause bis zu seinem Tod fand eine Behandlung mit Ausnahme der Schmerzbekämpfung nicht mehr statt. Die ärztliche Betreuung wurde durch den Hausarzt vorgenommen.

Peter hatte Glück. Er hatte in Bethel (v. Bodelschwinghsche Anstalten in Bielefeld, wo sich Peter im Laufe seiner Krankheit mehrmals aufgehalten hat) Tropfen bekommen, die er selbst immer höher dosieren konnte, von 3 × täglich 10 Tropfen bis auf 4 × täglich 30 Tropfen. Ende Juli mußte dann auf ein stärkeres Medikament umgestiegen werden. Es war eine Tablette, die er unter der Zunge zergehen lassen mußte. Zwei Stück pro Tag brachten zwar nicht die angestrebte Schmerzfreiheit, aber doch Erträglichkeit. Zuletzt brauchte er sechs Tabletten in 24 Stunden, aber damit ist er auch ausgekommen, bis ich in der letzten Nacht doch zur Spritze greifen mußte.

Auch was er sonst noch einnahm, gegen Übelkeit und Gleichgewichtsstörungen, hat er weitgehend selbst dosiert. So war er doch nicht ganz entmündigt.

Körperliche Bedürfnisse
(Essen, duschen, Wasser lassen, abführen)

Peter hatte große Angst davor, das alles eines Tages nicht mehr allein zu können. Allgemein gilt ja die Regel: »So lange selbständig sein lassen, wie es geht.« Ich habe, was die körperlichen Bedürfnisse anging, bei Peter eine andere Erfahrung gemacht.

Als ich sah, daß er schon nach ein paar Minuten wieder aus

der Dusche kam, halb abgetrocknet und völlig erschöpft, habe ich gesagt: »Peter, warum quälst du dich so, du kannst es viel leichter haben. Morgen wasche ich dich im Bett, dann kannst du liegenbleiben und mußt nur noch zum Rückenwaschen aufsitzen.« (Er konnte ja schon lange nicht mehr auf der Seite liegen, auch kurzfristig nicht, darum das Aufsitzen beim Rückenwaschen.)

»Wir können es ja mal versuchen«, war seine Antwort. Und dann hat er es gern angenommen.

Dasselbe war mit Füttern und »in die Flasche pinkeln«. Mit allem haben wir angefangen, als er es wohl noch einige Tage hätte allein tun können. Er war überrascht, wie einfach alles ging und glücklich darüber, daß er liegenbleiben konnte bei all diesen Dingen und sich nicht mehr so quälen mußte. Und als es dann schwieriger wurde, hatte er so gut geübt, daß es da auch gutging.

Auch das Abführen haben wir im Liegen gemacht. Er konnte auf kein Becken, aber wir hatten Unterlagen und solche Dinge genug. Die Regelung der Verdauung ist ein großes Problem bei Schmerzmitteln mit Morphium, weil Morphium sehr den Darm lähmt. Solange er Agarol einnehmen konnte, ging es noch, aber trotzdem brauchte er Spritzen zur Anregung der Darmbewegung, 2 Zäpfchen und 2 bis 3 Glycerin-Spritzen, bis es funktionierte. Aber für ihn war alles nicht so schlimm, wenn er nur nicht aufstehen oder aufsitzen mußte.

Als er dann überhaupt nicht mehr hoch konnte, etwa fünf Wochen vor seinem Tod, haben wir ihn auf ein Lammfell gelegt, die Unterhemden und T-Shirts alle hinten aufgeschnitten und dann auch seinen Rücken nicht mehr gewaschen. Bevor er dann auf das Fell kam, hat er gesagt: »Das Schönste ist, daß ich nur noch einmal hoch muß.«

Was ist nun Sterbebegleitung?

Sie sehen, an erster Stelle ein bißchen Wissen, das kann man sich erlesen oder erfragen; viel praktisches Tun, das kann vielleicht nicht jeder; ja, und Gesprächsbereitschaft, die gehört, wie ich vorhin schon sagte, allerdings auch dazu. Und das ist sicher für viele das schwerste, aber auch das läßt sich nach meiner Erfahrung leicht lernen.

Bei uns war es so: Acht Wochen vor Peter starb mein Schwiegervater, der, wie ein großer Teil unserer übrigen Verwandtschaft, etwa eine Autostunde entfernt wohnte. Als Annette (Peters Schwester) und ich uns morgens von Opa verabschiedet hatten, war ich nachmittags eine Weile mit Peter allein draußen im Garten. Lange, bevor er den Mund aufmachte, merkte ich, daß er etwas sagen wollte. Endlich schaffte er es, seine Angst zu überwinden und seine Frage zu stellen: »Mama, was hat man eigentlich an, wenn man im Sarg liegt?«

Bequem wäre es gewesen, zu sagen: »Ach, darüber wollen wir man jetzt noch nicht reden.« Da Annette und ich uns gerade morgens darüber Gedanken gemacht hatten, konnte ich ihm sagen: »Opa hatte ein weißes Totenhemd an, aber für dich finden wir das nicht so schön, wir haben für dich an ein schönes farbiges T-Shirt mit langen Ärmeln gedacht. Wie findest du das? Oder hast du besondere Wünsche?« – »Nein, nur am Hals soll es nicht so eng sein.«

Ja, und das war der Anfang von vielen offenen Gesprächen, nach denen er oft gesagt hat: »Mama, solche Gespräche tun so gut.«

Als nächstes hat er dann genau gefragt, wie sein Onkel Heini gestorben ist, wie das mit der Atmung war, und wie das Sterben bei Tante X und Herrn Y war. Einmal wurde er wieder unsicher und hat mich gefragt, ob ich denn solche Gespräche auch aushalten könnte. Ich habe ihm versichert, daß ich glücklich darüber sei, daß wir miteinander reden könnten, und daß er mir alles sagen dürfte, was ihn bewegt.

Wir haben dann noch oft über Sterben gesprochen. Er meinte, so wie das bei Opa gewesen wäre, mittags einschlafen und nicht wieder aufwachen, das möchte er nicht. So ganz, ohne sich von uns zu verabschieden, das fände er nicht schön; am liebsten würde er uns ja noch irgendwie zurufen, daß er drüben angekommen sei und daß er alles gut geschafft hätte und daß es gar nicht so schlimm gewesen wäre.

Ich habe Peter auch von den Dingen erzählt, die die Menschen berichtet haben, die schon einmal fast tot waren. Von diesem Tunnel und dem wunderschönen Licht, und daß wir abgeholt werden. Wir haben dann zusammen überlegt, wer ihn wohl abholen könnte. Er meinte, vielleicht Opa oder Onkel Heini oder aber auch Lars, ein Nachbarjunge, der Jahre zuvor auf der Straße überfahren worden war und mit dem er früher immer gespielt hatte. Und das war ihm der liebste Gedanke, er hat bis zu seinem Tod daran festgehalten. Und dann wieder der Satz: »Mama, solche Gespräche tun so gut.«

Anfangs, als er noch aufstehen konnte, kam nach solchen Gesprächen immer das große Loslassen. Zuerst hat er uns alle seine Süßigkeiten gegeben, dann seine ganzen gesammelten Nudeln, ein anderes Mal seine Lieblingsbücher und auch die Bankvollmacht.

Wie Sie sicher merken, war Peter jetzt voll in der Phase des Annehmens. Wenn er anfangs mal gesagt hat: »Meine Briefmarkensammlung und meine Münzen hätte ich auch gern mit 40 Jahren noch gehabt, aber damit habe ich mich abgefunden«, so sagte er jetzt: »Meine Briefmarkensammlung und meine Münzen hätte ich auch gern noch mit 40 Jahren gehabt, aber so ist es auch gut. – Ich freue mich, daß ich Papa soviel vererben kann und daß Annette so viele Videokassetten bekommt und meine ganze Anlage, und einen ganz schönen Walkman habe ich auch noch für sie.«

Beten

Die letzten Wochen in Peters Leben waren sehr durch das Gebet bestimmt.

Anfangs hat er mal gefragt, ob alle Menschen anfingen zu beten, wenn es ans Sterben ginge. Ich habe geantwortet, daß das ganz natürlich wäre, schließlich würde man zu Gott gehen, und da möchte man schon mal Kontakt aufnehmen, und das Gebet würde ja auch viel gegen die Angst helfen.

Da bekam ich ein kleines Büchlein geschenkt, in dem ich zwei schöne Gebete fand, die Peters Gefühle ausdrückten, ich selbst hatte keine Worte dafür.

Peter betete oft am Tag, wenn er vor etwas Angst hatte oder daß es doch schnell gehen möchte, aber er sagte auch immer »Danke« zu Gott für den lieben Besuch und die schönen Stunden.

Arztbesuch

Unser Hausarzt hat ihn einmal gefragt: »Peter, hast du Angst?« – »Nein!« hat er gesagt, »überhaupt nicht!«

Der Arzt kam in den letzten Wochen fast jeden Tag. Das war für Peter wichtig, denn er hatte immer viel zu fragen. Und der Doktor hat, soweit es möglich war, ehrlich geantwortet. Peter war dann immer wieder etwas beruhigt, und er konnte besser verstehen, warum es so unendlich langsam abwärts ging. Oft kam der Doktor abends als letztes zu uns, damit er etwas mehr Zeit hatte.

An einem Tag, als unser Hausarzt besonders viel Zeit für Peter hatte, schrieb ich in mein Tagebuch:

11. September 1991:
Peter ab 19.00 Uhr geschlafen und wir uns was erzählt.

20.00 Uhr nach dem Einnehmen: »Mama, heute bin ich richtig glücklich!«

20.30 Uhr: Der Doktor: »Peter, was kann ich dir denn mal Gutes tun?«

Peter erzählt ihm von seinem glücklichen Tag und daß er uns alle seine Sachen so gerne gibt und daß er nicht mehr das Gefühl hat, gehen zu müssen, sondern gehen zu wollen.

Der Doktor hat ihm dann gesagt, daß er viel von ihm gelernt hat, daß Peter ihm Mut macht, daß er manches jetzt anders sieht, daß ihn sein Sterben sehr berührt, ja, daß er zum ersten Mal ein solches Sterben erlebt, wo er mit dem Sterbenden sprechen kann. Und daß es schön wäre, daß Peter uns allen das vorleben würde: nicht Panik und Angst und Egoismus, sondern Ruhe, Zufriedenheit und volles Annehmen seiner schweren Krankheit und des so sehr Eingeschränktseins die ganzen Jahre und jetzt seines Sterbens. Das alles würde nachdrücklich in uns wirken.

Nachher wollte Peter gar nicht, daß wir Schluß machen und schlafen, Marlis (unsere Nachbarin und Freundin, die Mutter von Lars) sollte unbedingt noch bleiben. Wir waren alle total erschöpft und doch auch sehr erfüllt von allem.

Peter: »Heute war so ein schöner Tag!«

Nun noch einmal Sterbebegleitung:

Ich habe das Buch »Für dich dasein, wenn du stirbst« von Deborah Duda schon vor Jahren gelesen und so eine Sterbebegleitung auch schon bei Freunden praktiziert, aber nur eine Woche.

Bei Peter habe ich überhaupt nichts organisiert. Wenn ich an sein Ende dachte, hatte ich eigentlich nur Angst. Angst vor diesem furchtbaren Leiden, und darum habe ich immer nur gehofft, daß es einmal plötzlich kommen würde, daß der Tumor irgend etwas in seinem Körper kaputtmacht, vielleicht ein großes Gefäß oder ähnliches. Daß es dann doch zu einer richtigen Sterbebegleitung gekommen ist, an der sich viele Freunde und Verwandte beteiligt haben, dafür bin ich immer noch sehr dankbar. Für Peter war es einfach wunderschön.

Er hat mich, noch draußen im Garten, oft gefragt, ob ich es denn schaffen könnte, wenn es mit ihm schlimmer würde, wer uns dann noch helfen könnte. Ich habe immer gesagt, daß wir dann schon Helfer finden würden, aber ich war auch oft unsicher, ob er zuletzt nicht doch ins Krankenhaus müßte, weil es zu Hause einfach nicht mehr machbar sein würde.

Und dann wurde es so sehr schön. Wohl sehr schwer mit zweimal nachts aufstehen und Medizin geben usw. Aber da Peter ja ausreichend Schmerzmittel bekam, hat er meist recht gut schlafen können.

Vormittags war er nach dem Waschen wieder müde, und mittags hat er auch geschlafen. Aber so ab halb vier am Nachmittag haben wir bis abends immer mit mehreren bei ihm gesessen. Das fand er ganz schön. Manchmal beteiligte er sich am Gespräch, vor allem, wenn es um Sterben ging, aber oft hat er auch nur zugehört oder gedöst oder auch geschlafen. Aber wenn wir still waren, hat er gefragt: »Habt ihr gar nichts mehr zu erzählen?«

Wir haben ihn immer gestreichelt, einer oben und einer die Füße, das war herrlich für ihn. Jetzt tat ihm Nähe sehr gut (viele Freunde und Verwandte wechselten sich mit dem Kommen ab).

So hatten wir nie das Gefühl, mit der ganzen Last alleine zu sein. Sie war auf mehrere Schultern verteilt. So manche Krise bei Peter, wenn er wieder einmal verzweifelt war, daß er immer noch weiterleben mußte, haben wir gemeinsam mit ihm durchgestanden. Wir haben mit ihm ausgehalten, und dafür war er sehr dankbar. Seine meistgebrauchten Worte waren »Schön!« – »Wunderbar!« und »Danke!«

Dabei war es für alle Beteiligten am Anfang sehr schwer, sich auf Peter einzulassen. So etwas hatte man einfach noch nicht erlebt, und *alle* mußten das Reden mit ihm erst lernen. Wenn er zum Beispiel sagte: »Heute nacht wäre es fast soweit gewesen«, nicht zu antworten: »Ach was, das glaube ich doch nicht«, sondern vielmehr zu sagen: »Ja, ich weiß, und nun bist du sicher ganz enttäuscht. Wir wünschen dir ja auch so sehr, daß du bald sterben kannst, aber wir freuen uns auch, wenn du noch ein bißchen bei uns bleibst.«

Wohl dreimal hat er sich intensiv von uns allen verabschiedet, weil er dachte, es wäre soweit, und weil er doch nicht ohne Abschied gehen wollte.

Einen Tag bevor Peter starb, habe ich zu ihm gesagt: »Peter, du mußt aber auch so tief da durch, nichts bleibt dir erspart, und du machst das so prima.« Da hat er geantwortet: »Ihr habt mir aber auch alle so toll geholfen!«

Die letzten Tage hat Peter nichts mehr gegessen, er konnte zum Schluß auch nichts mehr trinken, und seine versagenden Nieren machten ihm arg zu schaffen.

Ja, und dann hatte das lange Warten doch endlich ein Ende. Am Sonntagmorgen merkten wir, daß es nun wohl soweit war. Peter sprach nicht, konnte aber durchaus noch alles hören. Beim Lüften sangen die Vögel draußen, und seine Augen bewegten sich hin und her. Nach und nach kamen alle, die sonst auch da waren, auch der Arzt sah nach ihm. Peter hat uns alle wahrgenommen, wenn er auch nichts mehr sagen konnte.

Die letzte Stunde, als die Atmung schon mal aussetzte, habe ich ihn dann noch intensiv gestreichelt, vom Licht gesprochen, in das er geht, und ihm immer wieder gesagt: »Bald hast du es geschafft, und wir sind alle da und passen auf dich auf.«

Jeder von uns hat auf seine Weise versucht, gedanklich ihm zu helfen, »seinen Geist in Gottes Hände« zu geben.

Und um halb eins konnte ich ihm dann, wie versprochen, sagen:

»Jetzt hast du es geschafft!«

Und es kam eine freudige Erregung über ihn, und ganz viele Laute kamen über seine Lippen, so, als ob er noch einmal sagen wollte:

»Schön!« – *»Wunderbar!«* – *»Danke!«*

Nachwort

Auszüge aus der Traueransprache für Peter:

Eines der Bibelworte, die Peter aufgefallen sind und die er für sich bewahrt hat, weil er sich von ihnen angesprochen fühlte, steht bei Jesaja 43, V. 1:

Fürchte dich nicht, denn ich habe dich erlöst;
ich habe dich bei deinem Namen gerufen, du bist mein!

Peter hat kaum Angst empfunden, sich auch vor dem Sterben kaum gefürchtet, mit klarem Bewußtsein und erstaunlicher Gelassenheit sah er dem Kommenden ins Auge, ja, er konnte offen darüber sprechen.

Und dann geschieht immer wieder dieses Merkwürdige: Der auf den Tod daliegende, selbst höchst hilfsbedürftige Peter wird anderen zum Helfer, weil er ihnen durch seine Art zu sterben hilft, zum eigenen Tod ein Verhältnis zu bekommen. Gespräche über den Tod als Hilfe gegen den Tod, für ihn, aber noch mehr für uns.

Vielleicht liegt hierin Peters eigentliches Vermächtnis: daß er uns Mut macht zum Leben, das den Tod hinter sich läßt, weil er sich von ihm nicht einschüchtern läßt, sondern dem vertraut, was Gott uns zuspricht:

»Fürchte dich nicht, ich bin für dich und mit dir!«

Und wenn ich auch noch so oft frage, warum Peters Lebens- und Sterbensweg so schwer sein mußte, so will ich doch weiter auf Hoffnung und Vertrauen setzen und glauben, daß alles so gut war.

Mein Fazit aus meiner Sterbebegleitung: Außer ein paar geringfügigen Kleinigkeiten hätte nichts besser sein können. Die ärztliche Betreuung war hervorragend. Der Sterbende und seine Wünsche standen im Mittelpunkt, danach richtete sich alles. Niemals hätte der Arzt irgend etwas angeordnet, was Peter nicht wollte.

Wie ich alles geschafft habe? Anfangs habe ich mal in

einem Brief geschrieben: »So gehen wir denn nun durch das ›tiefe Tal‹ (Psalm 23), und ich kann nicht sagen, daß ich mich nicht fürchte.« Ich habe damals oft gedacht: »Hättest du doch ein Vorbild, irgend etwas, worauf du zurückgreifen kannst.« Aber das gab es nicht.

Ich hatte das Gefühl, ständig meine Arme hochhalten zu müssen, so wie Moses im Alten Testament bei der Schlacht gegen Amalek (2. Mose 17,11 – 12). Immer, wenn meine Arme schwer wurden und ich sie hängen ließ, siegte die Angst. Aber dann kamen sofort die anderen und stützten meine Arme, und dann siegte wieder die große Gewißheit in mir, daß ich nicht mehr auferlegt bekomme, als ich tragen kann, und daß ich es schaffen werde. Es war wie eine stille Übereinkunft mit meinem Gott. Ein ständiges Gebet in mir.

Auch half mir die Dankbarkeit, die ich so sehr empfinden konnte, weil uns allen diese unendlich schwere Zeit des Sterbens trotz allem so gelang.

Sollte ich nun je noch einmal in eine ähnliche Situation kommen, wobei ich weiß, daß jeder Fall wieder anders ist, so wünsche ich mir, daß ich genausoviel Kraft habe, daß ich genausoviel Hilfe bekomme und daß der oder die Sterbende den Tod auch so annehmen kann wie Peter.

Ich wünsche allen Familien, die ein sterbendes Kind begleiten, daß sie so offen über das Sterben sprechen können wie wir und daß sie liebevoll voneinander Abschied nehmen. Das tut zwar sehr weh; aber es ist so unendlich wichtig, sowohl für das sterbende Kind als auch für die Angehörigen.

Beiliegender Text ist in diesem Jahr entstanden, als ich in einem Gottesdienst mit wenigen Sätzen zu dem Thema sprechen sollte: »Trauern, damit Abschied nicht krank macht«:

Mein Sohn ist tot!
Vor fünf Jahren, im Mai, war er gerade zum Sterben
nach Hause gekommen. Jeden Sommer durchlebe ich es
neu:

das Abschiednehmen, die vielen schönen Gespräche, das innige Zusammensein mit dem sterbenden Kind – aber auch die Angst, die Verzweiflung und die stille Übereinkunft mit meinem Gott, daß ich nicht mehr auferlegt bekomme, als ich tragen kann.
Und dann loslassen – für immer!
Ich erinnere mich gern daran, mein Kind, Sommer für Sommer.

»Ich will nach Hause ...«

H.-P. S.

Unsere Familie: Ich bin ein 40jähriger Polizeibeamter, meine Frau Karin war ebenfalls 40 Jahre alt, ihre beiden Kinder aus ihrer ersten Ehe, Rüdiger 12 Jahre und Rebekka 17 Jahre alt. Die Kinder akzeptierten mich problemlos. Bis 1995 lebten Karin und ich in eheähnlicher Gemeinschaft 12 Jahre zusammen.

Anfang April 1995 bemerkte Karin Veränderungen an ihrem Stuhlgang, vier- bis fünfmal am Tag hatte sie das Gefühl zu »müssen«. Nach zwei Tagen suchte sie unseren Hausarzt auf und ließ sich gleich zu einer Fachärztin überweisen. Karin hatte von Anfang an ein »schlechtes Gefühl« und fing noch vor der Untersuchung an, von Hochzeit zu sprechen. Die Darmspiegelung war am 13.4.95. Ich kam morgens aus dem Nachtdienst und legte mich schlafen. Um 13 Uhr kam Karin von der Untersuchung zurück, setzte sich zu mir ans Bett und weckte mich. »Ich habe Krebs«, waren ihre Worte. Die Ärztin hatte kurz vor Ende des Dickdarms in Richtung After ein Geschwür festgestellt (fünfmarkstückgroß), und die eingeschickte Probe bestätigte die Bösartigkeit des Geschwürs. Vorerst behielten wir unser Wissen für uns, und vor den Kindern verharmlosten wir die Sache, lediglich der Hausarzt wurde eingeweiht.

Weitere Untersuchungen (Ultraschall usw.) bestätigten lediglich das Vorhandensein des einen Geschwürs. Auf Drängen von Karin planten wir aber sofort die Hochzeit und Rüdigers Adoption. Karin zweifelte anfangs, ob ich denn heiraten wolle, denn sie sollte ja jetzt einen künstlichen Ausgang bekommen. Am Tag der Operation war sie abends gleich wieder auf ihrem Zimmer. Ich wunderte mich und fragte nach dem zuständigen Arzt. Er kam auch sofort zu uns ins Zimmer und wir unterhielten uns zu dritt. Der Arzt sagte uns gleich klipp und klar, daß kaum noch Chancen für Karin bestehen. Wir sollten so schnell wie möglich unsere Angelegenheiten regeln und noch mal Urlaub machen. Das klingt zwar makaber, wir waren aber über die Offenheit froh.

Man hatte keinen künstlichen Ausgang gelegt, sondern nur das Geschwür ausgeschabt, da man beim Aufschneiden gesehen hat, daß bereits Leber, Lunge und Lymphdrüsen befallen sind.

Karin kam dann auch nach wenigen Tagen schon nach Hause.

Zwischen operierendem Arzt, Hausarzt, Karin und mir wurde dann abgesprochen, keine Chemotherapie zu machen. Wir einigten uns auf eine Behandlung mit Helixor, das Karin selbst spritzen wollte. Uns war aus S. ein Fall bekannt, wo diese Behandlung anschlug und sich Metastasen zurückbildeten. Karin sah dies als Strohhalm, setzte sich selbst aber noch eine Lebenserwartung bis Anfang 1996. Sie entwickelte tagsüber eine hektische Aktivität, war aber abends sehr schweigsam. Wir sprachen auch mit den Kindern und informierten sie fast in vollem Umfang, lediglich die Höhe der Lebenserwartung ließen wir noch im dunkeln.

Die Kinder kannten ja so ungefähr den Krankenverlauf eines Krebskranken, da Anfang 1995 ihr Onkel (Karins Exschwager) nach eineinhalb Jahren Leiden an Darmkrebs gestorben war.

Im Mai konnte Karin nicht viel tun, da sie nach der Operation noch sehr geschwächt war. Ich merkte aber, daß ihr die geplante Hochzeit und Rüdigers Adoption Sicherheit gaben. Nach ihren Worten wollte sie mit uns die restliche Zeit genießen.

Alltagsprobleme ließ sie nun nicht mehr an sich heran. Damit wollte sie nichts mehr zu tun haben, da dies alles keine richtigen Probleme seien. Über ihren Tod sprachen wir zu der Zeit nicht, über den Tod und das Sterben sprachen wir Wochen vorher, als ihr Exschwager starb. Sie sagte mir, sie vertraue mir und ich würde die Kinder schon groß kriegen.

Ende Mai zeigte sie sich in der Öffentlichkeit sehr selbstbewußt. Mit Rebekka kaufte sie Hochzeitsgarderobe und plante unseren Sommerurlaub.

Sie freute sich riesig auf die Hochzeit.

Am 30. Juni heirateten wir. Für uns alle war es eine tolle Feier, auch für Karin. Ihr erstes gestecktes Ziel war erreicht. Am 1. Juli bekam sie Schmerzen im rechten Bein. Das Bein schwoll an. Ein Thrombosestrumpf verschaffte kurzfristig Linderung. Am nächsten Tag fuhr sie zum Facharzt und ließ das Bein untersuchen. Der Arzt, ein Bekannter von uns, kam dann abends und erklärte uns, daß dieses Anschwellen auf eine Leberfunktionsstörung zurückzuführen sei. Beide wußten wir nun, daß das bisherige Hoffen umsonst war.

Eigentlich hätte Karin sofort wieder ins Krankenhaus gemußt. Der Arzt wußte aber um unsere Situation, und wir regelten es mit ihm so, daß wir das Heparin zu Hause spritzen wollten. Karin konnte zehn Tage kaum laufen, war aber zu Hause. Am 14. Juli fuhren wir in Urlaub. 14 Tage Bodensee in einer Ferienwohnung auf dem Bauernhof. Wir fuhren ohne Rebekka, die den Urlaub mit ihrem Freund verbrachte. Den Bodensee hatten wir gewählt, damit wir im Notfall schnell eine deutsche Klinik aufsuchen konnten.

Karin genoß jeden Tag, hatte aber von Anfang an Schmerzen im Bereich des Afters. Sie hatte auch wieder Probleme mit dem Stuhlgang. Oft mußten wir Schmerzmittel in Apotheken kaufen. Nach einer kurzen Erklärung gab man uns die auch bereitwillig. Dennoch nutzten wir die Tage und erlebten alles intensiver als sonst. Ich glaube, ich könnte noch jede Minute schildern. Karin sog alles in sich auf, stopfte sich voll

Leben und verlor nachts vor lauter Schmerzen wieder alle Energie – aber über den Tod sprach sie mit mir nicht, nur über Schmerzen. Ich empfand dies auch nicht als schlimm, denn ich merkte, wann sie sich freute und wann sie litt. Wir verstanden uns in dieser Zeit wortlos.

Rüdiger erlebte die Schmerzen seiner Mutter mit. Auch er tat alles dazu, um Karin den Tag so schön wie möglich zu machen. Wir merkten alle drei, daß dies der letzte gemeinsame Urlaub war.

In den letzten zwei Tagen wurden die Schmerzen immer schlimmer, und ich wollte den Urlaub abbrechen, Karin bestand aber darauf, bis zum Schluß durchzuhalten.

Im Urlaub wurde Sex für mich zum Problem. Karin meinte, immer wenn wir miteinander schliefen, habe sie einige Stunden lang keine Schmerzen. Inwieweit das stimmte, konnte ich nicht beurteilen. Ich denke, sie suchte einfach nur Nähe oder Sex als Bestätigung der Liebe und Zuneigung.

Wir kamen am 30. Juli nach Hause. Karin konnte fast nur noch im Bett liegen. Sie bestand aber darauf, daß ich am 1. August wieder zur Arbeit fuhr. An meinem ersten Arbeitstag rief mich jedoch nachmittags unser Hausarzt an. Die Kinder hatten ihn geholt, da Karin plötzlich hohes Fieber hatte und zeitweise verwirrt war. Ich fuhr sofort heim, und mein Hausarzt schrieb mich krank (psychische Erschöpfungszustände), und am nächsten Morgen fuhr ich meine Frau nach F. ins Krankenhaus. Man nahm sie sofort auf und plante die Operation für den künstlichen Ausgang.

Die Vorbereitungen für die Operation schwächten Karin sehr. Zusätzlich stellte man sie auf Schmerzmittel ein (Opium). Der Gesundheitszustand war sehr kritisch, und Karin fragte nach Rüdigers Adoption. Ich rief im Jugendamt und bei der zuständigen Richterin am Amtsgericht an. Jeder sicherte mir Hilfe zu, und tatsächlich erhielt ich schon am 6. August die Adoptionsurkunde.

Rüdiger und ich waren richtig euphorisch. Nachmittags

fuhren wir zu Karin, um es ihr zu erzählen. Im schmerzfreien Rauschzustand nahm sie es wahr. Sie drückte uns beide und lächelte – reden konnte sie an diesem Tag nicht.

Ich bekam Angst – ihr zweites Ziel war erreicht.

Vieles war aber noch zu regeln. Wir waren früher immer davon ausgegangen, daß mir in meinem Beruf in Frankfurt etwas zustoßen kann. So war die Dreierbeziehung Karin, Rebekka und Rüdiger gut abgesichert, die Kinder und ich jedoch weniger. Ich redete mit den Ärzten, und man gab Karin einen Tag keine Schmerzmittel. Wir fuhren sie im Rollstuhl in die Verwaltung, wo sie mir in geschäftsfähigem Zustand beglaubigte Vollmachten und Briefe unterschreiben konnte. Sie verstand alles und freute sich, daß der ganze organisatorische Ablauf klappte.

Ihr Gesundheitszustand verschlechterte sich, sie war sehr unruhig und mußte durch die Kochsalzlösungen als Vorbereitung auf die Operation ständig auf die Toilette. Ich führte oder trug sie dorthin, putzte sie ab, brachte sie zurück ins Bett. Zwei Minuten später von neuem. Zu der Zeit war ich fast rund um die Uhr im Krankenhaus. Die Kinder wurden von meiner Mutter versorgt. Abgelöst wurde ich von Karins jüngerer Schwester und ihrem jüngeren Bruder.

Manchmal war sie nachts so unruhig, daß ich sie im Bett festschnallen lassen mußte. Sie hätte sich sonst alle Infusionen herausgerissen. Man bot uns für Karin ein Einzelzimmer an, das wir auch annahmen. Im Gegenzug sicherten wir eine Betreuung »rund um die Uhr« zu.

Die erste Operation wurde verschoben, weil Karin zu schwach war. Vier Tage später sollte die nächste OP sein. Karins sehnlichster Wunsch war, vor der Operation die Haare geschnitten zu bekommen. Das war kein Wunsch, sondern ein »Muß«, ohne Haarschnitt keine Operation. Uns war die Wichtigkeit bewußt. Im Sitzen oder Liegen war dies nicht möglich. So nahm sie einer auf den Rücken, einer stützte, und meine Tante – Friseuse – schnitt die Haare. Karin war glücklich.

Bei der Operation durchtrennte man lediglich den Darm und legte einen künstlichen Ausgang, das Stück mit dem Geschwür ließ man im Körper.

Karins erste Worte nach der Operation waren: »Ich will nach Hause!«

Man päppelte sie in wenigen Tagen mit Infusionen auf. Ich richtete derweil zu Hause im Schlafzimmer ein Krankenzimmer ein. Krankenbett, Rollstuhl usw. konnte ich in unserer Kleinstadt schnell besorgen. Bereits vier Tage nach der OP konnte ich sie nach Hause holen, denn die Worte des Arztes, sie könne nach Hause, setzten ungeahnte Willenskräfte frei und ließen sie wieder aufblühen. Ein Sterben im Krankenhaus kam für uns nie in Frage, auch keine Maschinen, die künstlich Leben verlängern, oder gar irgendwelche »Krebswundermittel«, die die Familie finanziell ruinieren und dem Kranken nichts bringen. Wir hatten das einmal durchgesprochen, als Karins Exschwager – mein Freund – Anfang April starb.

Bis zu der Entlassung waren die Kinder nur ab und zu mit im Krankenhaus. Ich versuchte, ihnen ein »normales« Leben mit Spielen und Freunden zu ermöglichen, hatte sie aber immer über alles informiert.

Wir freuten uns über Karins Heimkommen, und sie hatte noch mal so einen richtig positiven Schub. Sie war auch geistig wieder rege und kommandierte viel herum. Alles mußte sofort geschehen, nichts duldete Aufschub. Unsere Wünsche hatten ja Zeit, wir hatten ja noch länger zu leben.

Am ersten Tag kam gleich der Hausarzt zu uns. Wir sprachen über die häusliche Pflege und wie wir alles regeln wollten. Nach seiner Meinung konnte sie ja noch in diesem Zustand einige Monate leben, ein Pflegefall sei sie aber auf jeden Fall. Wir beantragten alles für die Pflegeversicherung, und ich klärte mit meinem Chef ab, daß ich unbezahlten Urlaub machen konnte. So hatte ich wenigstens den Rücken frei, um mich um die Pflege zu kümmern.

Ihr erster Wunsch zu Hause war ein Milchmix mit Schokoladeneis. Sie trank, und ich dachte, sie habe durch das Getränk das Gefühl, wieder am normalen Leben teilzunehmen. Wir unterhielten uns den ganzen Nachmittag über belanglose Sachen, und sie machte neue Pläne.

Sie wollte unbedingt noch einmal Rüdiger Fußball spielen sehen, und sie freute sich über eine Einladung meines Bruders in ein Restaurant. Er hatte am 22. August Geburtstag und lud uns fürs darauffolgende Wochenende zum Essen ein. Da das Restaurant nur 300 Meter von uns entfernt und rollstuhlgerecht ist, gab es da keine Probleme. Zwei Tage dauerten die Vorbereitungen. Eine Freundin kam und half mir, sie zu duschen. Auf einem Plastikgartenstuhl setzten wir sie in die Wanne und duschten sie ab. Ihre Freundin machte ihr die Haare, und stundenlang saß sie im Rollstuhl vor dem Kleiderschrank, um Kleider auszusuchen.

Nach dem Abend merkte ich, wie wieder ein Stück Leben in ihr verlosch. Sie redete nur noch langsam und sehr wenig, phasenweise war sie verwirrt. Sie konzentrierte sich nur noch auf ein Fußballspiel von Rüdiger.

Den ganzen Tag war Karin ins Familienleben eingebunden und die Kinder mit ihr konfrontiert. Wenn sie morgens in die Schule gingen, verabschiedeten sie sich mit einem Kuß, und wenn sie mittags kamen, begrüßten sie sie so. Trotz ihres Zustandes war der Umgang mit ihr natürlich und ungehemmt. Drei oder vier Tage nach dem Geburtstag war ein Fußballspiel in U., 50 km entfernt. Wir fuhren dorthin. Zweimal mußte ich unterwegs anhalten, weil sie sich übergeben mußte, umkehren durfte ich nicht. Sie konnte beim Spiel die Mannschaften nicht mehr erkennen – sie sah nichts mehr.

Am nächsten Tag schlief sie fast nur. Erst gegen Abend wurde sie wach, als der Hausarzt kam. Seit Tagen hatte sie kein Wasser mehr gelassen, und wir riefen den Mann von der Diakoniestation, um einen Katheter zu legen. Karins Freundin war ebenfalls anwesend. Sie erzählte vom Urlaub und welch guten Obstler sie mitgebracht hatten. Diesen wollte sie in den nächsten Tagen mitbringen. Karin bestand aber darauf, daß sie ihn sofort holte.

Zu viert standen wir ums Krankenbett. Ich schenkte fünf Gläser voll und führte Karins Glas an ihren Mund. »Auf euer Wohl«, waren ihre letzten Worte. Sie trank das Glas in einem Zug leer und schlief ein. Von da an lag sie im Koma, und tagelang änderte sich nichts.

Sie wurde über Infusionen ernährt, und ich gab ihr ihre Spritzen. Trotzdem sprachen wir weiter mit ihr und nahmen an, daß sie uns hörte und wahrnahm. Zweimal täglich kam der Hausarzt und einmal der Mann von der Diakonie. Ich war dauernd neben ihr und achtete auf Geräusche, hielt ihre Hände und achtete auf Reaktionen – manchmal glaubte ich, welche zu spüren.

Es war leise im Haus. Alle Türen waren immer offen, um ja jedes Geräusch zu hören, aber alles an ihr war tot, abgemagert, ohne Leben. Ein Häuflein Elend, das nicht sterben konnte.

Am 8. September morgens, die Kinder waren bereits zur Schule und der Mann von der Diakonie wieder weg, hielt ich ihre Hand und sagte ihr, sie könne nun sterben. Alle Zimmertüren waren offen, und ich legte ihre Lieblings-CD »Crossroads« von Bon Jovi auf. Ich programmierte acht Titel, setzte mich zu ihr, hielt ihre Hand, und wir hörten Musik. Das Herz schlug immer langsamer. Der letzte Titel war »Always« – ihr Lieblingslied. Mit dem Ende des Liedes hörte auch ihr Herz auf zu schlagen – ich glaube, sie lächelte.

Für uns alle war es ein Gefühl der Erlösung. Ich wußte nicht mehr, ob ich sie lieben oder hassen sollte. Das bißchen Mensch, das da starb, war das noch Karin, oder war die nicht schon viel früher gestorben?

Ich weiß es nicht.

Ich bin aber im nachhinein froh, das alles so gemacht zu haben. Ich bin froh, daß sie bis zum Schluß bei uns war und nicht in einem anonymen Krankenhaus. Die Kinder denken genauso.

Mehr konnte ich nicht für sie tun, obwohl – vielleicht war es ja viel. Sie gehörte zu uns, und deshalb sollte sie bis zum Schluß bei uns bleiben.

Noch heute habe ich manchmal Angst, wenn ich abends alleine im Wohnzimmer sitze, aber es wird immer seltener.

Nur sehr wenige Freunde haben uns geholfen, die aber sehr gut. Auch von der Familie waren es wenige: meine Mutter, Karins Schwester und ein Bruder. Viele haben sich gedrückt, haben fadenscheinige Begründungen vorgegeben. Ich bedauerte sie. Sie haben Karin nie geliebt. Ich glaube, man muß schon lieben, um so etwas zu machen und dann auch konsequent durchzuziehen.

Nach dem Tod war ich leer und ausgelaugt. Dennoch kam ich durch die Beerdigung und den ganzen Schriftverkehr nicht zur Ruhe. Erst seit einiger Zeit finde ich wieder zu mir selbst.

Nachgefragt:

B. B.: Wie waren Ihre Gefühle, Gedanken während der letzten Phase?

H.-P. S.: Als ich Karin Ende August aus dem Krankenhaus holte, hatte ich noch das Gefühl, ihr Gesundheitszustand könnte sich für einige Monate stabilisieren. Jedoch war ich traurig, einen geliebten Menschen verlieren zu müssen, denn Hoffnung für eine lange, gemeinsame Zukunft hatte ich nicht mehr. Nach Erfüllung ihres letzten Wunsches – das Fußballspiel – begann aber der körperliche Verfall. Mein Wunsch war, ständig bei ihr zu sein und aufzupassen, daß sie keine Schmerzen hat. Ich saß neben ihr, dachte an vergangene, gemeinsame Träume. Zukunft – das war die nächste Spritze, das nächste Mal den Beutel leeren. Ich machte mir Gedanken, wie lange ich das alles durchhalte. Im nachhinein bedaure ich nur, daß wir nie über den Tod sprechen konnten.

Für mich waren »Tod« und »Sterben« immer ein Thema. Die Fragen: Woher komme ich? Weshalb bin ich? Bin ich? Wohin gehe ich? haben mich immer fasziniert. Bloch, Sartre, Heidegger, der Koran, die Bibel, Popper, Suzuki, Hawking konnten immer nur Anregungen geben und wären schöne Diskussionsgrundlagen gewesen.

Wir waren mehr die Arbeits-Alltags-Kindererziehungs-Lebensgemeinschaft; meine Gedanken, meine Bücher hatte ich immer für mich. Ich konnte mich in meiner »Kopfwelt« ausleben, sie war zu sehr Realist. Wenn dann aber bei Problemen oder Themen eine Entscheidung gefragt war, trafen beide Gedankenwelten zusammen und ergaben immer eine gute Mischung und ein gutes Ergebnis.

B. B.: Welche Empfindungen hatten Sie während der Sterbebegleitung auf sich und Karin bezogen?

H.-P. S.: Die Endlichkeit des Seins. Das Zimmer, in dem Karin langsam starb, war für mich die reale Welt. Draußen ging eine andere Welt weiter, eine, die am Sterben keinen Anteil nahm. Wir haben zusammengelebt, wir sterben zusammen. Ohne Zweifel ist irgend etwas von mir auch gestorben. Ich weiß nicht was. Ich öffnete nach ihrem Sterben das Fenster und ließ ihre Seele raus. Ich sah den blauen Himmel; das erste Mal, daß ich wieder etwas von der Außenwelt wahrnahm.

Ich mußte von neuem anfangen zu leben. Noch weiß ich nicht, was da mit gestorben ist, denn mir fehlt nichts, auch nicht die Erinnerung.

Ein Stück Leben ist weg – es existiert nur noch in der Erinnerung. Aber langsam wächst auch neues Leben in mir: neues Selbstbewußtsein, neue Individualität, Kraft, neu zu leben, zu sehen, wie ihr / unser Sohn wächst, Verständnis für andere, die Angst vor der Vergänglichkeit, dem Tod.

Ich habe aber auch viel gelernt: von Anfang an offen sein

in einer neuen Beziehung, wirklich über alles reden. Sich verletzbar zeigen auch auf die Gefahr hin, verletzt zu werden. Dadurch den anderen am eigenen Leben teilhaben lassen, auch wenn es im Moment noch wirr, wild und chaotisch ist – ich merke, es wächst zu etwas Neuem, Schönem.

B. B.: Hatten Sie das Gefühl, daß irgend etwas noch besser hätte sein können, ärztliche Betreuung o. ä.? Haben Sie sich genügend unterstützt gefühlt?

H.-P. S.: Die Unterstützung war gut. Das liegt wohl daran, daß wir in einer Kleinstadt leben und daß uns dort jeder kennt. Die ärztliche Betreuung war bestens. Drei Ärzte waren rund um die Uhr für uns erreichbar und kamen auch sofort bei Anruf. Formalitäten (wegen der Adoption, Hochzeit usw.) wurden durch die Stadtverwaltung sofort erledigt. In dieser Beziehung hatte ich jede Hilfe, nur spätabends fehlte jemand zum Reden. Es gab wirklich nur zwei Bezugspersonen, mit denen man auch reden konnte. Das war aber meinerseits dann alles sehr verklemmt. Ich habe mir die ganze Pflege auch nur zugetraut, weil alles bei uns im Ort war. Ich kenne fast alle Leute und wußte, wer mir hilft und wer nicht.

B. B.: Wodurch haben Sie alles geschafft? Welche Gefühle beherrschten Sie damals? Hätten Sie andere Wünsche für eine ähnliche Situation?

H.-P. S.: Wodurch schafft man so etwas? Liebe, Mitleid, zum Miteinanderleben gehört das Sterben. Das war für mich nie eine Frage, was ich tue: heiraten, adoptieren, pflegen. Gefühle? Ich weiß nicht, ob das Liebe ist; nur Mitleid hätte mir nie die Kraft gegeben. Es ist aber auch ein Bestandteil meiner Lebenseinstellung. Ich hätte das nie anders machen können und hätte jegliche Selbstachtung vor mir verloren.

Man braucht viel Zuspruch. Den erhielt ich durch K. H., deren Mutter an Krebs starb, und durch H. F., die ihren krebskranken Mann pflegte. Sonst konnte sich keiner in meine Situation hineinversetzen.

Während der Pflege wurden die Gefühle wechselhaft, so

wie der Gesundheitszustand. Aber irgendwie gab es keine Gefühle, keine Verzweiflung, keine Hoffnung, irgendwie keine Zeit dafür, es war Arbeit.

Wünsche? Nie mehr eine solche Situation erleben zu müssen. Wenn doch, würde ich alles genauso wieder machen bzw. so, wie es sich die betroffene Person wünscht.

Beträfe es mich, wünschte ich mir eine Pistole und die Kraft abzudrücken.

B. B.: Wie wurden Sie damit fertig, daß Ihre Frau nicht über das Sterben und den Tod reden konnte?

H.-P. S.: Anfangs berührte mich das nicht so, daß es einige Dinge gab, über die ich mit ihr nicht sprechen konnte: die Bücher, die ich las; Artikel, die ich schrieb. Ich hatte auch das Gefühl, sie vermied das Thema aus irgendeinem Grund, da wollte ich nicht nachbohren. Ich selbst hatte dienstlich bisher fünf Situationen, die durchaus tödlich für mich hätten enden können. Dies erzählte ich auch zu Hause, und Karin hatte Angst um mich.

Später, als Karin erkrankt war, getraute ich mich nicht, das Thema anzusprechen. Durch die Ärzte war uns beiden aber bekannt, wie der weitere Verlauf ist. Ich hätte gerne mit ihr gesprochen.

B. B.: Wie erlebten die Kinder die letzte Phase?

H.-P. S.: Die Kinder. Sie erlebten alles bewußt. Karins Freude, nach Hause zu kommen, den körperlichen Verfall, den Tod. Mit der Rebekka habe ich ein paarmal gesprochen, doch das meiste hat sie mit ihrem Freund bewältigt. Sie hat wohl alles verdrängt, indem sie mit ihm ihre Zukunft geplant hat.

Rüdiger ist ein Problem. Nur kurz nach Karins Tod sagte er mal, daß es »für Mama besser sei zu sterben, als so zu leiden«. Er träumt viel und ist sehr schmusebedürftig. Er übernachtet gern bei seiner Schwester oder einem Freund. Auch jetzt im Urlaub suchte er immer Körperkontakt: Händchen halten, streicheln. Ich kann noch nicht mit ihm über den Tod reden.

Meiner Mutter erzählt er immer, er habe Angst, mir könne etwas im Dienst passieren. Ich kann nur warten und ihm Vertrauen entgegenbringen, bis er reden will. Sonst ist mit ihm alles o. k. Da kann ich ihm doch nicht sagen, er muß mal zum Psychologen. Ich will erst einmal die weitere Entwicklung abwarten.

B. B.: Karin sah nichts mehr bei dem Fußballspiel in U. Wodurch?

H.-P. S.: Einige Tage vor dem Spiel bemerkten der Hausarzt und ich Veränderungen in Karins Verhalten. Zeitweise redete sie wirr. Wir gingen davon aus, daß sich vielleicht im Gehirn ein Tumor gebildet hatte und nun auch die Sehkraft beeinflußte.

Karin konnte beim Spiel die Kinder nicht mehr unterscheiden. Auch nicht die farblich anderen Trikots. Zu Hause, wenn ich sie nur leicht führte, lief sie gegen die Tür oder die Wand. Dies geschah schon ein paar Tage vor dem Spiel.

B. B.: Wie haben Sie gelernt, Spritzen zu geben?

H.-P. S.: Mein Hausarzt zeigte es mir, weil ich es machen wollte.

B. B.: Wie haben Sie sich in der ganzen Zeit gefühlt?

H.-P. S.: Wie fühlte ich mich? Beschissen. Eine Frau, die stirbt; zwei Kinder, die erzogen werden wollen / müssen. Ganz am Anfang, als Karin vom Arzt kam und der Tumor im Darm festgestellt wurde, weckte sie mich nach dem Nachtdienst und sagte es mir. Ich wußte, jetzt fängt ein ganz anderes Leben an, nichts wird wie vorher sein, alles ganz anders. Ich habe mir, glaube ich, nicht mal die Frage gestellt: »Wieso wir?« Ich habe es hingenommen und durchgezogen – bis zum Schluß. Wieso, weiß ich nicht.

Überwiegend fühlte ich mich einsam und allein, ohne Perspektive, ohne Zukunft. Nach Karins Tod hatte ich nicht einmal die Zeit durchzuatmen. Deshalb habe ich heute noch so oft Angst, wenn ich abends allein im Wohnzimmer sitze und Rüdiger schläft. Angst ist vielleicht falsch – ich fühle mich einsam. Sonntag (8.9.96) wird es ein Jahr hersein, daß Karin tot ist.

Ich habe auch nach ihrem Tod nicht an eine neue Beziehung gedacht. Ich habe einfach von einem Tag zum nächsten gelebt, wollte alles ordnen und dann sehen, wie das Leben weitergeht.

Gibt es ein Schicksal? Oder was war das, was einem soviel zumutet und doch kurze Zeit später wieder soviel Glück widerfahren läßt?

Ich traf B., 15 Jahre hatte ich sie nicht mehr gesehen. Mit ihr kann ich reden, vieles aufarbeiten und auch ein bißchen an die Zukunft denken. Sie wußte von allem nichts und war in der ganzen Sache unbefangen. Ich glaube, nur so konnte sie helfen. Mittlerweile hat sich eine gute, spannende Beziehung entwickelt – mit viel, viel reden, auch über den Tod. Aber auch über die Zukunft. Über Bücher, Theater und vieles mehr. Rüdiger und sie mögen sich. Rüdiger zeigt ihr gegenüber ein richtiges »Kuschelbedürfnis«. Ihm fehlt die Zuneigung einer erwachsenen Frau doch sehr. Langsam freue ich mich wieder auf das Leben.

»Die hilflosen Begleiter im Sterben und Trauern«

W. F.

Ich war gerade 40 Jahre alt, als in den Morgenstunden im Mai 1984 mein Mann infolge eines Herzinfarktes starb. Ohne für mich erkennbare Vorzeichen mußte ich, völlig unvorbereitet, dieses Sterben erleben. Zurück blieben außer mir meine beiden Kinder und mein Schwiegervater.

Meine Tochter, 17 Jahre, hatte wenige Tage danach die Prüfung der mittleren Reife zu absolvieren, um dann eine Ausbildung zu beginnen. Mein Sohn war mit seinen 13 Jahren am Anfang der Pubertät. Den Schwiegervater hatte ich »mitgeheiratet«, und nun hatte er mit seinen 94 Jahren auch den zweiten Sohn durch Herzinfarkt verloren.

Eine Trauerzeit begann, die sich über mehrere Jahre hinzog und zum Teil radikale Veränderungen von allen Betroffenen forderte. Es war eine Zeit des Wollens und Nichtkönnens, des Zweifelns und Hoffens. Die beiden Kinder erlebten ihre Trauerphasen so völlig anders, wozu ich keinen Zugang hatte, weil ich dies nicht bemerkte und so nach Jahren diese Verletzungen mit ihnen aufarbeiten mußte. Weder meine Familie noch sonstige Bekannte waren fähig, uns das nötige Verständnis entgegenzubringen; Freunde entfernten sich von mir.

Durch diese mehrfachen Verluste erlebte ich eine unbeschreibliche Einsamkeit. Eine Dimension der Verlassenheit, die zur schweren seelischen Krankheit führte. Die Weisheit der Ärzte, Therapeuten und Seelsorger erreichte die Grenze; Medikamente lehnte ich nach einiger Zeit ab.

Zwei Jahre nach dem Tod meines Mannes entschied ich mich für eine dreijährige theologische Ausbildung, um Gott und den Sinn meines Lebens zu hinterfragen. Während dieser Ausbildung kam in mir der Wunsch auf, die Sprache des Todes zu verstehen. Meine Enttäuschung, im Sterben und Trauern allein gewesen zu sein, wollte ich dahingehend verarbeiten, daß künftig jeder Mensch, von dessen Sterben bzw. Trauern ich erfahre, auf meine Hilfe hoffen darf.

Ich kündigte meine Stelle als Verwaltungsangestellte, verließ das eigene Haus und zog 500 km weiter weg nach Ostwestfalen. Zunächst arbeitete ich unentgeltlich in sozialen Einrichtungen und betreute Patienten seelsorgerisch im Krankenhaus. Bald wurde mir eine Stelle im Altenheim angeboten. Hier sollte ich Mitarbeiter und Bewohner seelsorgerisch betreuen.

Von nun an gehörten Leben, Sterben und Trauern zu meinen täglichen Selbstverständlichkeiten. Als ich spürte, daß mein bloßes Dasein, meine eigene Ohnmacht, mein Sprechen und Schweigen, mein Respektieren von Nähe und Distanz meine eigentlichen Werkzeuge bei dieser Aufgabe sind, war ich zufrieden. In dieser Zeit habe ich drei OMEGA-Gruppen in verschiedenen Städten mitbegründet. Sie sind inzwischen auseinandergefallen. Warum? Eine befriedigende Antwort auf diese Frage steht noch aus.

Heute, zwölf Jahre nach dem Tod meines Mannes, stehe ich wieder am Anfang. Durch meinen Lebenspartner lernte ich vor einigen Jahren eine mit ihm befreundete Familie in Bayern kennen. Schon beim ersten Besuch verstanden wir uns prima, und es konnte der Eindruck entstehen, daß wir alte Vertraute sind. Ganz wenige telefonische Gespräche wurden nach diesem Treffen geführt. Es reichte, daß wir voneinander wußten. Im Sommer 1995 war ein Urlaub in Südtirol geplant. Mein Lebenspartner schlug vor, die Hinreise bei den Bekannten in Bayern zu unterbrechen. Meine Freude war groß, daß eine Übernachtung bei den Bekannten möglich war. Am verabredeten Tag trafen wir bei unseren Gastgebern ein. Unser Beisammensein war so harmonisch, als gäbe es keine Zeit dazwischen. Ohne viele Worte wurde der Faden der Beziehung zwischen der Frau und mir weitergesponnen. Vielleicht muß eine solche Begegnung nicht erklärt, sondern als Geheimnis pfleglich behandelt werden. Auf unserer Rückreise durften wir diese Gastfreundschaft noch einmal genießen. Die Gegeneinladung wurde ausgesprochen und auch der Wunsch, sich bald wiederzusehen.

Plötzlich war alles ganz anders. In der Adventszeit erhielten wir die Nachricht, daß der im Griff geglaubte Krebs bei Christa erneut ausgebrochen und sie schwer erkrankt sei. Ich weinte fassungslos und war untröstlich, weil ich spürte, daß sich wieder ein lieber Mensch von mir verabschiedet. Aufgrund der Entfernung blieben für mich wenig Möglichkeiten, Kontakt aufzunehmen. Ich schrieb meine Traurigkeit auf weißes Briefpapier, nahm einen fein geflochtenen Engel von meiner Krippe und schickte alles mit einem Funken Hoffnung an das Krankenbett von Christa. Ich glaubte, ihre Gesundung erzwingen zu müssen.

Wenige Tage nach Weihnachten wurde Christa aus dem Krankenhaus nach Hause entlassen, weil keine Heilung mehr möglich war. Ich wollte in den nächsten Zug steigen, um Christa und ihren Angehörigen zu verstehen zu geben: »Ich bin da, nehmt mich in Anspruch.« – »Ein Besuch ist für Christa zu anstrengend«, wehrte der Ehemann unser schnelles Kommen ab. Warum durfte ich nicht in ihrer Nähe sein? Warum nicht ein Stück mit ihr gehen? Unwissenheit, Angst und Scham hindern oft, den anderen Menschen am eigenen Leid teilhaben zu lassen.

Im Mai 1996 starb Christa im Alter von 48 Jahren. Meinen Schrei über diesen Verlust hat niemand gehört, obwohl er nicht zu überhören war. Mir ist bewußt, daß meine Begleitung einzig darin bestand, mich in meiner Ohnmacht auszuhalten, um mich vor der Macht des Todes zu beugen.

Zur selben Zeit, als Christa im Sterben lag, rief meine Mutter mich an und bat mich, ganz schnell zu kommen. Fünf Stunden Fahrt und ein paar Tage Urlaub, schoß es mir durch den Kopf, und ich fragte meine Mutter nach dem Grund der Dringlichkeit. »Deine Klassenkameradin L. liegt im Krankenhaus, ist schwer krank und wird nicht mehr gesund werden«, antwortete sie.

Der Gedanke daran löste bei mir Erinnerungen an die gemeinsame Schulzeit aus. Das humorvolle Wesen von L. hinterließ bei mir den Anschein, daß sie das Leben leichter bewältigen konnte als ich. Fast zur selben Zeit hatten wir geheiratet und nach zwei Jahren Ehe das erste Kind bekommen. Dem ersten Kind folgten bei L. noch drei Kinder. Im Laufe der Jahre hatten wir wenig Berührungspunkte, denn jede ging ihren Weg. Sehr betroffen war ich seinerzeit, als ich erfuhr, daß der erste Sohn von L. kurz vor der Einschulung nach einem Verkehrsunfall behindert blieb und nach vielen Heilmaßnahmen in einer Anstalt leben mußte. Alle 14 Tage darf er das Wochenende bei der Familie verbringen, was für alle Beteiligten Erfreuliches wie auch Belastendes mit sich bringt.

Seit vielen Jahren ist meine Kameradin herzkrank, wurde mehrmals operiert und hat Wochen und Monate in verschiedenen Krankenhäusern verbracht, aber immer konnte sie wieder nach Hause entlassen werden. Mit Hilfe ihrer Mutter und weiterer hilfsbereiter Menschen wurde sie den Anforderungen als Frau und Mutter gerecht, pflegte Nachbarschaften und Freundschaften und verlor nichts von ihrer freundlichen Art. Dies alles lief wie ein Film bei mir ab, und in Gedanken packte ich meinen Koffer, um nach Süddeutschland zu fahren.

Zwei Tage später stand ich vor der Krankenzimmertür einer Reha-Klinik. Besuche waren nur noch den Angehörigen erlaubt. Das konnte ich an der Tür lesen. Ich klopfte zaghaft an. Eine leise Stimme bat mich herein, und als ich im Türrahmen stand, ging ein strahlendes Lächeln über das blasse Gesicht meiner Klassenkameradin. Sie hatte mich erkannt, und ich spürte die Freude über diese Überraschung. Schweigend setzte ich mich auf die Bettkante. Langsam kamen Sätze über ihre Krankheit und die Schmerzen, über die gute ärztliche Versorgung, die Zuneigung und das Verständnis von Mann, Kindern und Schwiegerkindern über ihre Lippen. An den Besuchen der Enkel hatte sie die meiste Freude, weil diese sie aufmunterten. Zwei Enkel hatte sie, das dritte Enkelkind wurde erwartet. Dazwischen rannen immer wieder Tränen über ihr Gesicht. Ich tupfte die feuchten Hautpartien ab und machte Mut zum Weinen.

»Du bist die erste, die mir das erlaubt«, sagte sie, »alle anderen können es nicht ertragen, und ich spüre doch, daß Tränen mir vieles leichter machen.« Die Erfahrung, daß Tränen zurückgehalten oder verboten werden, mache ich oft.

Ich sah den schlechten Gesundheitszustand von L. Mit weißem Gesicht lag sie in den Kissen, die Augen schauten mich aus tiefen Höhlen an. Die Haut war am ganzen Körper aufgebrochen, das rohe Fleisch war sichtbar. Das Herz schlug nur noch durch die Mechanik des Herzschrittmachers. Sie konnte weder essen noch trinken, weil Lippen, Mund und Rachenraum mit eitrigen Bläschen übersät waren.

War das ihr Leben? Warum mußte sie so leiden? Das kann doch nicht alles gewesen sein? Welcher Sinn liegt in ihrem Leben und Sterben? Wußte sie, wie krank sie war? Diese Fragen beschäftigten mich, als ich das Krankenhaus verließ. Ich machte mir Vorwürfe, weil ich nicht mit ihr über ihren Zustand gesprochen hatte. War ich zu feige? Ich sah, daß sie sterben wird, aber ich spürte, daß sie die Hoffnung auf ihrer Seite hatte. Im Kopf rasten die Gedanken und suchten nach einer Möglichkeit, wie ich L. Gutes tun konnte. Bevor ich die Heimfahrt antrat, besuchte ich sie noch einmal mit dem Vorsatz, mit ihr über das Sterben zu sprechen. Es schien mir, als wollte ich eine Pflicht erfüllen.

Ihr Zustand hatte sich verschlechtert, und sie sprach von schrecklichen Schmerzen und den Ängsten erneuter schmerzhafter Untersuchungen. Ich ahnte, daß ich in diesen Augenblicken nur noch Hörer war. Als ich bei der Verabschiedung sagte, daß ich erst Pfingsten wiederkäme, war sie es, die ihre Hoffnung so ausdrückte: »Wenn du dann kommst, sitze ich vielleicht schon im Rollstuhl.« Mit diesem Schimmer von Zuversicht schickte sie mich auf den Weg. Ich wußte, daß es unser letzter Händedruck und der allerletzte Blick war, den wir austauschten. Zwei Tage danach ist L. in den frühen Morgenstunden ohne Menschen um sich eingeschlafen.

Während dieser Zeit ließ mich auch meine Cousine wissen, daß ihr Bruder an Speiseröhrenkrebs erkrankt sei und nicht mehr gesund werde. Klaus hatte sich mit seiner Frau in Ostfriesland ein kleines Haus gekauft und dieses für ihre Ansprüche umgebaut. Kinder hatten sie keine. Aufgrund der großen räumlichen Distanz bestand zu meinem Cousin keine Beziehung, während ich diese mit meiner Cousine intensiv pflegte.

Bei dieser überraschenden Nachricht war mir klar, daß mein Interesse mehr ihr galt, weil ich wußte, daß sie eine innige Beziehung zu ihrem jüngsten Bruder hat. Deshalb ging meine Anfrage an sie, wie ich ihr, dem Bruder und der Schwägerin helfen könnte.

»Er liegt im Krankenhaus und ist medizinisch gut versorgt, alles andere macht meine Schwägerin. Sie wollen kein Mitleid.« Beim Lesen des knapp formulierten Briefes spürte ich, daß ich verletzt war. Meine Cousine hatte auf meine Frage nicht ausreichend geantwortet. Die Antwort glich einer Ohrfeige. Hatte ich mich so mißverständlich ausgedrückt, daß ich Mitleid und mitleiden nicht unterscheiden konnte?

Diesen zugefügten Schmerz hielt ich aus, war sprachlos und meldete mich nicht mehr. Ich fühlte mich in meine Grenzen zurechtgewiesen. Wenige Wochen danach kam die Nachricht vom Tod meines Cousins im Alter von 55 Jahren. Nach vielen Überlegungen habe ich später Kontakt mit der Ehefrau aufgenommen.

»Meine Zeit steht in deinen Händen«

Anneliese Pokrandt

Meine Mutter starb am 13. März 1987 fast 85jährig.

In den letzten Lebenswochen haben wir viel miteinander gesprochen. Ihr Gesicht strahlte besonders, wenn sie aus ihrer Kindheit erzählte. Kannte ich diesen Teil des Lebens meiner Mutter überhaupt?

Was fällt mir nun, nach ungefähr einem Jahr, ein, wenn ich an das Sterben meiner Mutter denke? Beinahe heiter hielt sie rückschauend Ausblick über ihre weit ausgebreitete Lebenslandschaft, in der ich an vielen Punkten mit ihr spazierenging. Sie erinnerte sich an Weggenossen, Geschwister, Freunde, Eltern und Ehepartner. Wichtig war ihr aber auch, Verhältnisse zu ordnen und Frieden zu schließen. Denke ich daran, dann fallen mir die Worte »leuchten« und »Glanz« ein. Erstaunlich war es, sie neugierig zu erleben auf das, was nun auf sie zukommen sollte.

Natürlich gehörte in jene Wochen auch das ganz Elementare: das Schwächerwerden, die wachsende Wehrlosigkeit gegenüber dem Verfall, die Not um versagende vitale Funktionen, um Essen und Schlucken, um Einnässen, Stuhlganghaben oder -nichthaben und das unendliche Müde-müde-müde-Sein, zuletzt das Ringen um Atemluft.

Ich hatte meine Mutter in ihrem letzten Jahr sporadisch aus der Ferne begleitet, durfte sie dann aber die letzten fünf Wochen bei mir pflegen und versorgen. Es halfen mir dabei wie selbstverständlich Freunde, Nachbarn, Schwestern der Sozialstation, die Apothekerin, der Arzt.

Jahrelang hatte ich Angst gehabt, wie meine Mutter ihre letzte Lebenszeit bestehen könnte, ob auch Hilfe da sei, ein Mensch in ständiger Präsenz, zu dem sie Vertrauen hat, wenn sie ihn brauchte.

Als diese Zeit da war, lösten sich alle Ängste auf, ordneten sich alle Verhältnisse von selbst auf dieses Geschehnis hin, wie es niemand vorher hätte einfühlsamer planen können. Ich schämte mich, gezweifelt zu haben, daß Gott auch mit Terminkalendern etwas zu tun haben kann.

Sie selbst schien übrigens nie Ängste dieser Art gehabt zu haben. Als sie 83 Jahre alt war, stellte man in der Klinik Magenkrebs fest – dieses Wort fiel ihr gegenüber nie; der Arzt operierte sie nicht. Neben medikamentöser Behandlung wurden erste ambulante Hilfen nötig (Essen auf Rädern – eine Altenpflegerin, die täglich hereinschaute); der Arzt half, daß meine Mutter, eine sehr eigenständige und tatkräftige Frau, die stets anderen geholfen hatte, aber selbst nie auf Hilfe angewiesen war, jetzt für sich diese Hilfen duldete und annahm. So konnte sie noch zwei Jahre allein in ihrer Wohnung leben. Wir Töchter, jede in eigene Pflichten und Verhältnisse verstrickt, lebten mehrere Autostunden (die eine) und eine halbtägige Bahnreise (die andere) entfernt. Die dritte, in den USA, besuchte sie einmal im Jahr. Wir hier in Deutschland besuchten sie abwechselnd, etwa 14tägig.

Immer aber hatten solche Besuche unter Zwängen und Zeitdruck gestanden: Was ist diesmal das nötigste? – Was muß besorgt, erledigt werden? – Schaffe ich alles, um meinen Zug zur Heimfahrt noch zu erreichen?

Wie hätte sich meine Mutter über solche Besuche der abzuhakenden Erledigungen freuen sollen? Darüber haben wir nie gesprochen, immer war die Atmosphäre gespannt. Leider fand sich auch kein Außenstehender, der uns Töchtern unser unsinniges Verhalten erklärt hätte, gar hilfreiche Kritik hätte üben können.

Doch dann ergab es sich, daß ich es war, die plötzlich im

genau richtigen Augenblick Zeit geschenkt bekam. Mein vorzeitiger Ruhestand war genehmigt worden. Schlagartig fiel jetzt alle Angst von mir ab. So konnte ich zum erstenmal gelassen, abwartend sein, konnte mit innerer Ruhe nur dasitzen, zum Zuhören bereit.

Von diesem Tag an ergab sich ein wortloses Einverständnis, von uns schon lange nicht mehr für möglich gehalten. Und so hatten wir an jenem Tag auch ein uns beide erfreuendes Erlebnis. Meine Mutter zitierte jeweils eine Gedichtzeile, ich suchte dieses Gedicht in einem dicken Sammelband und las es uns vor. Und welche Gedichte waren das? Meine Mutter bewunderte das stille Sich-aufs-Sterben-Rüsten der alten Waschfrau (Chamisso), erlebte das Beisammensein und Sterben von Urahne, Großmutter, Mutter und Kind (Schwab), empfand sich wie der Vater, der sein Kind an der Hand führt: »Wir werden, mein Kind, nach dem letzten Schritt wieder beisammensein« (A. Goes). – Mir fiel auf, daß es meist Gedichte waren, die um letzte Lebensfragen kreisen...

Meine Mutter konnte sich mit ganz erstaunlicher Lebendigkeit erinnern und von früheren Ereignissen und Begebenheiten aller Lebensphasen erzählen. Mir schien, als ob sie von Orten und Menschen Abschied nehmen wollte, um sich bereit zu machen für das Wagnis des Überschreitens der letzten Schwelle.

In den letzten Wochen erzählte sie morgens oft von Träumen, in denen schöne Häuser und prachtvolle Blumengärten vorkamen. Wenn sie diese Traumbilder andeutete, lag der Nachglanz tiefen Glücks auf ihrem Gesicht. Mit den erschauten Gärten verschmolzen Erinnerungen an ihre eigenen Gärten, die sie lebenslang geliebt und versorgt hatte. Wenn ihr Gesicht so leuchtete, fiel mir ein, daß ja das Paradies, von dem die Bibel erzählt, jener Garten ist, wo Gott dem Menschen begegnet. Sprach meine Mutter von ihren Traumgärten, schien ein Glanz zu mir her, wie er mir niemals sonst zuteil geworden ist.

Am besten gelang uns das Loslassen beim Aufgeben der Sprache. Wir brauchten zuletzt auch in den Dingen der Versorgung kaum noch Worte zu machen. Still saß ich bei ihr und sah sie an, wie sie dalag. Zuletzt schlief sie meist; wachte sie jedoch in kurzen Momenten auf, so suchte sie meine Hand, drückte sie kurz und vielsagend, hielt sie wohl auch eine Zeitlang fest, während sie wieder in Schlaf fiel. Was hätten wir sagen sollen? Alles Wesentliche hatte gesprochen werden können, und das Geheimnis um das Sterben ließ sich ohnehin nicht in Worte fassen.

Gegen das Ende hin schien sie sich nachts zu fürchten, sie mochte nicht mehr allein sein. Es war ihr wichtig, daß ich ihre Wanduhr so aufhing, daß sie sie immer sehen konnte. Für die Nacht stellte ich ein Lämpchen dazu, damit die Uhr immer beleuchtet und für sie erkennbar war. Doch zuletzt zog ich zur Nacht mit meinem Bett in das Zimmer zu ihr. Auf einem Klappbett konnte ich so liegen, daß ich ihr Gesicht sah, wenn ich mich im Schlaf umdrehte und dabei kurz aufwachte. Schnell war ich auch auf und nah bei ihr. Diese Nähe muß sie als etwas sehr Beglückendes empfunden haben, so hatte sie es einer Nachbarin gegenüber geäußert. Im Krankenhaus, noch eine Woche vor unserem intensiven Beisammensein, hatte sie manchmal gesagt: »Ich möchte sterben!« Das äußerte sie jetzt nicht mehr. Wohl ließ sie dann und wann ihre Hilflosigkeit laut werden, etwa so: »Was soll ich nur tun?« Auch ich war dann hilflos, vermochte aber auch zu meiner eigenen Entlastung darauf zu verweisen, daß alles so in Gottes Plan bedacht ist, wie es für uns richtig sei. Darüber dachte sie lange nach und wurde dabei ruhiger.

Das waren auch ihre letzten Worte: »Was soll ich denn?« In ihr mühsamer werdendes Kämpfen und schweres Atmen hinein sagte ich zu ihr: »Loslassen, loslassen mußt du!« Entspannter fiel sie zurück, zuletzt noch einmal nach mir rufend, ehe sie atemringend ihre letzte Lebensschwelle erreichte und einsam überschritt. Ich bedauere, daß ich nicht daran gedacht habe, sie zu erinnern, daß alle Lieben drüben auf sie warten und sich auf sie freuen.

Freitag, 28. November 1986
Sie hat offensichtlich kein Gefühl für Darmentleerung und Zeitpunkte; Bett und Hosen sind voll. Ich habe zu tun, das Ganze auszuwaschen, sie neu einzupacken und immer wieder abzuwaschen. Zum allerersten Mal läßt sie diese Handgriffe gern geschehen.

Sie fragt: »Ekelst du dich nicht vor mir?« Ich antworte: »Och, da denke ich mir doch nichts dabei...«, und ich erinnere sie daran, daß sie mich, als ich Säugling war, versorgt hat, und nun versorge ich eben sie. Das beruhigt sie. Mit dieser Antwort ist sie zufrieden.

Montag, 1. Dezember 1986
Ich liefere sie ins Krankenhaus ein. Der Arzt sagt: »Sie brauchen sich keine Mühe mehr um einen Pflegeplatz in einem Altenpflegeheim zu machen...« Und: »Ist Ihre Schwester in den USA verständigt?«

Sonntag, 14. Dezember 1986
Sie war ärgerlich über sich selbst, daß sie in der Nacht allein aufs Klo gegangen war und auf dem Rückweg im Zimmer gefallen ist. Sie hat Schürfungen am linken Knie, und die Bettnachbarin hat die Nachtschwester geholt. Sie erzählt es gleich, beteuert aber wie ein braves Kind: »Nein, nein, ich werde nie mehr allein aufs Klo gehen!«

Heute mochte sie sich nicht wärmen lassen und lehnte auch ab, daß ich sie zudeckte.

Montag, 15. Dezember 1986 – 13 Wochen vor ihrem Tod
Als ich bei ihr bin, erinnert sie sich strahlend an unsere Gedichtlesungen und erwähnt immer wieder: »Der alte Barbarossa, der Kaiser Friederich...«

Mittwoch, 17. Dezember 1986

An diesem Tag spricht sie über Bilder, die sie von einem Jugendfreund geschenkt bekommen hatte, als sie 19 Jahre alt war. In diesem Zusammenhang sagt sie: »Wenn ich tot bin, könnt ihr euch darum zanken, wer diese Zeichnungen bekommt. Ist aber nicht so schlimm, heute kann man so etwas ja gut kopieren.« Sie rechnet selbst aus, daß sie diese Bilder schon 67 Jahre in ihrem Besitz hat.

Heiligabend, 24. Dezember 1986

Mutti genoß es fröhlich, war hellwach. Wir verdunkelten, zündeten die Kerzen an, und draußen auf dem Flur sang der Chor der Schwestern Weihnachtslieder. Sie kommentierte alles, bemerkte die schönen Kerzen und freute sich über die hellen Stimmen.

Als ich die Kerzen ausmachte und meinte, daß wir sie ja morgen noch einmal brennen lassen könnten, meinte sie fröhlich: »Ja, das machen wir!«

2. Weihnachtstag, 26. Dezember 1986 –
11 Wochen vor ihrem Tod

Mutti ist meist positiver Stimmung – gelegentlich fließt aber ein: »Ach Anneli, es ist nichts mehr«, oder auch ein »Nein, nein!« ein.

Wir machen einen Weg über den Flur. Sie, an der Tür: »Ich freue mich schon wieder aufs Bett!« Wir gehen einmal hin und her. Dann noch aufs Klo. Sie ist sehr schwach und läßt sich gerne helfen.

Sonntag, 28. Dezember 1986

Ich sehe Mutti vom Fußende her, ich sitze in dem Sessel. So verändert in dieser Perspektive, der alte Hals, der offene Mund. An und für sich staune ich über ihr eigentlich recht glattes Gesicht, das schrumpelt kaum ein. Die sehr dünnen Haare stehen widerspenstig hoch. Die Augen wirken oft verklebt; kann sie überhaupt richtig gucken? Aber wenn sie aufsitzt, das tut sie bei jedem Essen, sieht sie durch die große Fensterwand und spricht von den Hasen, die auf dem Rasen sitzen, oder den Vögeln, die da fliegen. Gestern berichtete sie von einem kleinen Schwarm Reiher, der da geflogen sei.

Das Essen kommt heute früher als sonst, wieder wird nur genippt und gepickt.

Ich schneide ihr die Fingernägel. Jetzt sagt sie: »Komisch, daß sie noch so wachsen!« Nach dieser Prozedur ist sie ganz erschöpft und fällt müde auf das Kopfkissen. Ich sage: »Nun schlafe erst mal.« – »Du weißt, was ich brauche«, sagt sie.

Sie fragt, wann der Christbaum hinausgebracht wird. Ich habe den Eindruck, daß er sie stört. Will sie »reinen Tisch« haben? Schon vor ein paar Tagen kam es mir so vor, als alle Sträuße fort mußten. So nehme ich jetzt auch unsere Kerzen und Kerzenhalter wieder mit. Damit ist sie einverstanden. Auch gibt sie mir alle Post und Schriftsachen mit.

Sie sagt: »Gestern hast du noch mal Gedichte gelesen. Das dürfen wir so spät abends (es war 16 Uhr) nicht mehr machen! Die ganze Nacht ist mir alles furchtbar im Kopf herumgegangen. Das ist zu aufregend!«

Montag, 29. Dezember 1986
Sie fragt wieder, wann der Christbaum wegkommt. Einen Strauß muß ich auch wegnehmen, dazu allen Schokoladenkram.

Ich versuche, sie an Verwandte, die am Holzweg wohnen, zu erinnern. Sie lehnt fast entrüstet ab: »Woher soll ich das wissen?«

Mittwoch, 31. Dezember 1986
Mutti war zwar matt, aber anteilnehmend. Ihre alte Frage lautete: »Was gibt es Neues?« Diesmal enthielt die Antwort durch die Wetterberichte – Hochwasser am Rhein! – interessante Details.

Wir erinnern uns an ihre Kindheit.

Während wir viel erzählen und in dem Hin und Her der Gesprächsfetzen, des Schweigens auch schon mal, sagt sie, mich klar und kindlich ansehend: »Ich möchte sterben!« Ich bin durch die Direktheit ihrer Äußerung unsicher, hilflos. Was sage ich denn da? »Der liebe Gott wird sicher alles so machen, wie es richtig ist!« Mir kommen die Tränen. Wie hilflos sitze ich da! Dann lenke ich über: »Ein Glück ist es doch, daß du keine Schmerzen hast!« – »Ja, das ist ein Glück«, bestätigt sie. Diese Stimmung ist aber schnell vorbei. Als ich nach längerer Zeit fortgehe, sage ich ironisch-ulkend: »Also in diesem Jahr sehen wir uns dann nicht mehr.« Sie geht auf diesen Ulk ein. Unser Abschied ist nah, warm, herzlich. Ehe ich gehe, will sie genau wissen, was ich für mich koche.

Mittwoch, 7. Januar 1987
Sie sagt: »Ich möchte gerne die Augen für immer zumachen.« Doch gleichzeitig lächelt sie und sagt langsam weiter: »Aber ich kann das nicht bestimmen.« Ein Tag vergeht wie der andere. Ich muß ihr fest versprechen, morgen auch wiederzukommen.

Donnerstag, 8. Januar 1987
Sie sagt: »Muß ich mir Sorgen machen? Ich weiß ja nicht, wie Dr. Napp sich das gedacht hat und ob ich noch bleiben darf. Ich kann ja noch nicht laufen und nicht zu Hause sein.« Ich tröste Mutti, sie sitzt im Sessel, da kann ich besser ihre Hand halten. Mutti scheint mein Versprechen, daß ich morgen wiederkomme, sehr wichtig.

Dienstag, 13. Januar 1987 – gut 8 Wochen vor ihrem Tod
Sie sagt mir jeden Tag, daß sie nicht in ein Altersheim will. Sie weiß aber nicht, daß sie kein Fall für ein Altersheim ist, sondern ein intensiver Pflegefall. Wer kann sie pflegen? Sie spricht von ihrer Wohnung und der Hilfe durch die Altenpflegerin.

Aufgeregt begrüßt sie mich diesmal: »Jetzt ist es passiert, Dr. Napp will euch sprechen!« – Die Schwierigkeit, daß sie als Pflegefall nicht länger im Krankenhaus bleiben darf und kann, und daß wir uns um einen Pflegeplatz bemühen müssen. Sie wog 48 kg, als sie eingeliefert wurde, jetzt wiegt sie noch 42 kg, ein Verlust von sechs kg in sechs Wochen. Der Arzt meint, das sei normal bei dieser Krankheit. Der Arzt sagt: »Sie kann nachts nicht mehr allein gelassen werden, tagsüber auch nur eine bis 1½ Stunden. Das schafft sie – aber nicht einen ganzen Morgen oder den ganzen Nachmittag. Die Pflege ist nicht schwer, aber doch allumfassend.«

Donnerstag, 22. Januar 1987 – 7 Wochen vor ihrem Tod
Die Schwester ist zum letztenmal im Krankenhaus vor ihrem Rückflug in die USA. Mutti sagt: »Also dann auf ein frohes Wiedersehen. Es könnte ja auch das letzte Mal sein. Nur nicht verzagen!« Nun kommen uns beiden dann doch die Tränen, und ich gehe schnell fort.

Donnerstag, 29. Januar 1987
Unser Reden und mehr noch unser Schweigen bleiben bei der Angst vor dem, was kommt und kommen muß, hängen (Altenpflegeheim!). Sie merkt genau, daß man sie aus dem Krankenhaus heraushaben will.

Freitag, 30. Januar 1987 – 6 Wochen vor ihrem Tod
Um 15.10 Uhr etwa war ich im Krankenhaus. Sie lag da, Hände gefaltet, mit offenem Mund, die Decke weggeschlagen, hatte mit der Serviette ein Bein bedeckt. Sie sah erschreckend hohl und wie tot aus.

Sie ärgert sich, daß ihr oft bestimmte Begriffe nicht einfallen. Sie sagt, daß sie, wenn sie nachts aufwacht und klingelt, auf die Frage der Nachtschwester, was sie denn wolle, nicht antworten könne. Das Wort »Toilette« sei ihr nicht eingefallen – und auch jetzt, da sie es mir erzählen will, fällt es ihr nicht ein. Dann hat sie es; sie wiederholt es mehrmals, um es ja in der Nacht noch zu wissen. Ich: »Und dann ärgert man sich so sehr!« Sie lacht ein bißchen – und bestätigt lebhaft.

Jeder Gesprächsfetzen bleibt in der Luft stehen oder fällt gleich ins Aus, wie ein Ball, den man dann zum Spielen nicht mehr benutzt. Nachdem wir auf dem Flur ein wenig hin- und hergegangen sind, sitzt sie noch bewegungslos im Zimmer auf dem Sessel. Dann sagt sie: »Das Leben und so ein Ende… Daß es so zu Ende geht… Nein, nein…« Ich versuche zu trösten, Mut zu machen. Nein, sie hat keinen Mut mehr.

»Soll ich weinen oder lachen?« Ich meine, eher lachen. Denn welch ein erfülltes Leben und wieviel sie geschafft hat! Immer habe sie etwas vorgehabt und angepackt – lebhaft sagt sie dazwischen: »Und gern!«

»Weinen? Nicht weinen, damit kann man doch nichts ändern.« Aber als sie da im Sessel sitzt, weint sie doch. Sie will es gar nicht, es läuft so aus dem linken Auge heraus.

Noch einmal erinnert sie an die Gedichte und zitiert wieder: »Der alte Barbarossa, der Kaiser Friederich.« Zuletzt geht sie gern wieder ins Bett. Ich decke sie zu. Wir verabschieden uns. »Kommst du morgen wieder?« – »Ja, morgen!« Sie erzählt noch, daß sie einen hellen Stern sehe.

Montag, 2. Februar 1987
Nachmittags ins Krankenhaus. Sie erinnert sich aus ihren Kindertagen.

Wir gehen noch einmal, sie ist sehr kraftlos. Hängt auf dem Sessel, ich bringe sie kaum wieder ins Bett. Sie guckt mich lange ganz tief an: »Ich möchte sterben!« Ich antworte: »Das geht aber nicht auf Bestellung!« Sie wiederholt es: »Nein, das kann man nicht bestellen.« Am Nachmittag bin ich in der Sprechstunde beim Arzt, der mir bescheinigt, daß Mutti noch transportfähig ist und daß ich sie mit nach Hause, nach Waldbronn, nehmen kann.

Dienstag, 3. Februar 1987

Im Krankenhaus frage ich: »Na, was hältst du nun von den neuen Aussichten?« (Transport nach Waldbronn). Da bricht es überglücklich aus ihr heraus: »Nein, solch ein Glück!« Daß das nun wahr werden sollte – und ob es wirklich wahr wäre? Sie kann sich nicht genug tun – sie strahlt und weint vor Freude. Und immer wieder fragt sie, ob es denn auch wirklich stimmt? Und dann fügt sie spontan hinzu: »Und ich will mich auch anpassen und einfügen.« Sie fragt, ob ich es auch wirklich könne, meine schöne, freie Zeit? Und später einmal, als ich bei ihr sitze und ihre Hand halte und alles bestätige: »Ist das *dein Gesicht*?« (Im Tonfall von: Bist du das wirklich?) Sie guckt mich sehr ernsthaft dabei an. Ja, vielleicht zum ersten Mal richtig, kennt sie mich denn überhaupt?

Donnerstag, 5. Februar 1987

Um neun Uhr habe ich ein Taxi zum Krankenhaus bestellt. Dort finde ich eine in Hochspannung wartende Mutti vor.

Sie saß ohne Nachthemd da. Ich deutete das so: »Im Nachthemd reist man nicht.«

Ich sitze neben der Liege und halte erst Muttis Hand, das will sie aber nicht; dies ist ihre Fahrt (aktiv!), und man muß keine Ängste vertreiben.

Die Krankenpfleger packen Mutti ins Bett, und sie weint vor Glück: »Nun will ich aber noch ein bißchen leben!«

Als sie sich zurechtfindet in ihrem neuen Bett und Zimmer, sagt sie: »Das ist ja wie im Paradies – im Paradies kann es nicht schöner sein!« Und zögernd fragt sie mich, wo ich denn nun wohl schlafe? Was ich für andere Räume habe? So hat sie all die Jahre meine Situation und Wohnung überhaupt nicht wahrgenommen, nicht wahrnehmen wollen!

Sonntag, 8. Februar 1987

Früh um 5.30 Uhr schellt sie, holt mich aus tiefem Schlaf hoch, ich kann sie allein auf den Bettstuhl hieven, sie erledigt ein großes Geschäft. Ich freue mich, finde es prima und sage immer wieder: »Wie schön, da brauchen wir vor einer Verstopfung keine Angst zu haben.« Ich zeige mich erleichtert. Erschöpft liegt sie danach im Bett, aber offensichtlich auch erleichtert.

Wir überlegen einen Tagesrhythmus für uns, bei dem wir alle zurechtkommen.

Sie sieht gerne nach draußen, registriert den Wind in den Bäumen, die Tanne, die Glyzinie. Wir hoffen auf einen Sonnentag, dann soll sie dort etwas in der Sonne sitzen.

Ihr Gesicht scheint sehr trocken. Schuppige Haut. Ich creme sie ein.

Montag, 9. Februar 1987

Beim Frühstück genießt sie die Spatzenportionen, ein Viertel Brötchen mit Butter und Preiselbeermarmelade, eine halbe Tasse Kaffee. Wieder genießt sie das Porzellan und erklärt Clara, wie schrecklich die dicken Krankenhaustassen waren. Sie schlürft, freut sich am knackig-frischen Brötchen.

Abends bittet sie darum, Brot unzerschnitten, »zum Reinbeißen« zu bekommen. Sie bekommt eine Scheibe Sechskornbrot und ißt sie mit dem größten Appetit ganz auf.

Ich soll noch etwas aus dem schönen Gedichtband lesen.

Abends kommt Schwester Gisela von der Sozialstation, um mir die Verwendung und das Anlegen von Pamperswindeln für die Nacht zu zeigen. Sie stimmt selbst dem Einwickeln gern zu. Gegen 19 Uhr packe ich sie ein. Sie, ganz Zustimmung: »Und dann ist das gar nicht schlimm, wenn man mal ein Dröpken machen muß.« Zufriedenes Gesicht.

Clara sagt: »Der Gedanke, daß dies etwa drei Jahre dauern würde, kommt mir gar nicht mehr. Wir leben Stunde um Stunde. Und was für ein voller, glücklicher Tag heute! So viel Schönes! – Wenn sie mal tot ist, wird sie uns sehr fehlen!«

Dienstag, 10. Februar 1987

Immer im Vorbeigehen durch die offene Zimmertür ein Blick aufs Bett und was sie macht. Meist schläft sie. Aber wenn die Augen offen sind, sage ich ihr, was ich tue.

Mittwoch, 11. Februar 1987

Diesmal hatte sie sich geweigert, sich die nasse Windel von der Nacht abnehmen zu lassen. Ich überzeuge sie, daß ich sie wegnehmen muß: »Ich denke mir doch nichts dabei!« Da läßt sie es geschehen.

Ganz wichtig wird ihr, die Zeit zu kontrollieren. Ich mußte ihr einen Wecker in Blickrichtung aufstellen, allerdings ist er ihr fremd, und das gefällt ihr nicht sehr.

Ich denke, sie ist wie ein Kind, das heim will.

Donnerstag, 12. Februar 1987

4.54 Uhr: Mutti schellt, ich komme schlaftrunken zu ihr. Sie liegt da, ängstlich, klein. Sie fragt: »Wann stehen wir auf?« Ich sage: »Es ist ja noch früh, erst fünf Uhr!« Sie scheint verwirrt, findet sich zeitlich nicht zurecht, sieht mich so aus dem Schlaf gekommen an. Ich tue ihr leid. Sie erklärt: »Ich kann die Uhr nicht sehen.« Und: »Ich könnte mich prügeln.« Sie entschuldigt sich sehr. Ich beruhige sie, ermutige sie, nur immer zu schellen, und dann sage ich: »Sicher warst du so allein?« – »Ja, das war's!« Sie entspannt sich. Ich hole noch mal etwas zum Trinken, das sie gierig trinkt. Dann beruhige ich sie, sage ihr, daß es auch gar nicht schlimm ist für mich, jetzt wach zu sein, ich kann jetzt gut noch eine Beinwaschung machen, und in einer Stunde stehen wir dann auf. Da ist sie getröstet, legt sich wieder zum Schlafen zurecht.

Freitag, 13. Februar 1987 – 4 Wochen vor ihrem Tod

Immer geht es um das Elementarste, um Essen, Verdauung, Schlafen. Etwas verzweifelt habe ich gestern abend zu Clara gesagt: »Nie hat mal jemand gesagt, daß Sterben Vollscheißen und Vollpinkeln ist, Gestank und Kampf um Sauberkeit, um Verhindern von Aufliegen, um Aufspüren von roten Flecken am Rücken und am Hintern. Was haben bloß die Theologen daraus gemacht. Und weil das niemand wahrhaben will, schiebt man die Uralten ab, Fremde putzen den nächsten Menschen den Hintern ab gegen Entlohnung. – Aber dabei bleibt diese großartige Erfahrung für viele unzugänglich, unerlebbar, Erfahrung, die solche Einblicke in das Leben – eben *auch* Leben! – gibt, die wissend macht, ja hilft, bescheiden, menschlicher, erschüttert zu werden.«

Immer kommt wieder einmal: »Mir geht es sehr gut – ich bin zufrieden!« Und daß sie keine Schmerzen hat, das ist besonders dankenswert.

Montag, 16. Februar 1987

Ihr Gesicht ist so klein heute morgen. Aber im Reden blitzt die alte Energie durch. Sie ist entschlossen, ihre Dinge selber zu regeln, und tut es!

Inzwischen habe ich das Skriptum zur Wohnungsauflösung hergestellt, lese es ihr vor, sie unterschreibt es, Clara zeichnet gegen. Später sagt sie: »Wenn die bloß kein Gegentestament aufstellen.« Sie sucht den passenden Begriff. Ich sage: »Meinst du, das Testament anfechten?« – »Ja, das!«

Dann sitze ich noch einen Augenblick bei ihr. Wie schmal, eingefallen und fremd ihr Gesicht ist. Nur die Nase ist die ihre vertraute, sie ist es bestimmt!

Freitag, 20. Februar 1987 – 3 Wochen vor ihrem Tod

Wo du Liebe verteilst,
wo du Hilfe schenkst,
wo du Einsamkeit überbrückst,
bist du Gott näher
als du denkst.

ROSEMARIE SCHROTT-BINGEL

Oh, wäre es so! Um 6.29 Uhr wurde ich wach, dann gehe ich zu ihr, sie liegt wach, eher lauernd, keine Begrüßung, vielmehr liegt sie thronend da, wie jemand, der sich hofieren läßt. Und diesen Ton schlägt sie auch an, als ich den Kaffee bringe, indem sie herrisch »Höher«, »Serviette!« und »Zucker!« fordert, während ich noch alles herrichte und wie üblich für sie serviere. Da sage ich: »Na, kommandierst du?« Sie, scharf, wie in alten Zeiten: »Ich kommandiere nicht!« (Im Tonfall liegt aber, daß sie es tut.) Es fällt mir schwer, gleichbleibend, gleichmütig, ausgeglichen zu sein.

Irgendwie ist die Atmosphäre verändert. Und so geht es auch weiter. Merkwürdig, sie fordert in frechem Ton, kein Dank, kein Blick. Ehe ich mich zum Schlafen hinlegen will, wieder aufs Klappbett bei ihr im Zimmer, sagt sie: »Trinken!« Sie reicht mir wortlos das Glas zurück und befiehlt: »Leg dich schlafen!«

Samstag, 21. Februar 1987
Das Gesicht hat nun einen abgrundtief traurigen Zug. Die Augen gucken mich schwermütig an. Sie sagt: »So unermüdlich bist du für mich da!« Ich darauf: »Es gibt gar nichts Wichtigeres für mich jetzt!« Sie sagt: »Meine Anneli!«

Freitag, 27. Februar 1987 – 14 Tage vor ihrem Tod
So treffe ich um 5.45 Uhr, als ich zu ihr gehe, weil ich sie laut und andauernd husten hörte, eine mit sehr kleinem Gesicht, gequält aussehende und über den wehen Rücken klagende Mutti an. Sie kann keine Zuwendung äußern. Am Kinn und Mund verklebter Schleim, auch am Hals. Ich wasche das etwas ab, sie hilft dabei, indem sie es mit dem Fingernagel abknibbelt, also spürt sie es, daß da was klebt. Dann der Kaffee! Aber sie kann nur wenige Schlückchen trinken, dann geht die Schleimspuckerei wieder los, d.h. alles an Kaffee kommt zurück. Sie hat ein gequältes Gesicht; gestern schon äußerte sie dabei: »Ich weiß gar nicht, woher das kommt!«

Clara sagte ganz richtig: »Sie stirbt nicht an Altersschwäche – denn der Geist ist wach und klar und registriert alles! Sie stirbt am Krebs.«

Sonntag, 1. März 1987

Früh um 6.10 Uhr bringe ich erst die Tropfen, die sehr bitteren, da wird sie wütend, verlangt Zucker und schimpft, daß sie diese Tropfen nie, nie mehr nehmen wird. Ich erkläre, daß sie die doch nehmen müsse gegen Verkrampfungen in der Brust. Darauf erklärt sie: »Das ist vorbei!«

Ich nehme sie fest in die Arme und verspreche, daß ich ganz für sie da bin, und erinnere daran, daß das doch ein Segen ist, daß ich jetzt Zeit habe. Und da weinen wir beide ein bißchen; mir sind Tränen in die Augen geschossen und ihr auch. Aber sie ist dankbar für das Sprechen jetzt und überhaupt. Sie sagt: »Ich bin dir von Herzen, von ganzem Herzen dankbar!«

Montag, 2. März 1987

0.10 Uhr: Sie schellt, ich gehe hin zu ihr. Sie guckt aus sehr gequältem Gesicht und sagt: »Es ist mir so schlecht!«

Gegen 6 Uhr gehe ich zu ihr. Und sie erzählt: »In der Nacht, da dachte ich, ich müßte sterben!« Zum ersten Mal taucht, seitdem sie aus dem Krankenhaus heraus ist, seit 25 Tagen!, das Wort »Sterben« wieder auf. Ich lasse das so stehen, versuche auch gar nicht, es zuzudecken oder irgend etwas dazu zu sagen. Ich weiß ja auch nicht, was ich dazu sagen könnte.

Dienstag, 3. März 1987 – 10 Tage vor ihrem Tod

Früh, nachdem ich sie fertiggemacht habe, verlangt sie selbst: »Und jetzt Milch und Kaffee!« Dabei sagt sie: »Ich hatte gerade an ein Lied gedacht, kennst du das: Ich trage, wo ich gehe, stets eine Uhr bei mir...?«

Beim Mittagessen ruft sie einmal: »Wird denn hier nicht weiterserviert?« Ich denke, sie macht Spaß. Doch dem Weiteren entnehme ich, daß sie sich woanders wähnt, denn sie sagt: »Nimm mein Portemonnaie und bezahle den Wirt, und dann bestelle ein Taxi, dann fahren wir nach Hause.«

Später ruft sie einmal und fragt: »Wo bin ich?« Sie scheint sich nur schwer zurechtzufinden. Später liegt sie ganz nackt da: »Ich kann nicht mehr!«

Um 15.45 Uhr ruft sie mich und fragt: »Sag mal, haben wir den Ofen noch an? Es ist so kalt geworden!«

Am Abend, als ich allein in der Küche war, rief sie mich und fragte, wer da in der Küche einen so großen Mund habe. Und fragt selbst: »Otto Ufermann?« Das ist ein Name, den ich nie von ihr gehört habe! Ich frage, wer denn das wohl wäre. Sie zeigt aus dem Bett heraus eine Höhe an und sagt dazu: »So groß ungefähr war er, mein Freund über lange Jahre in der Kinderzeit. Wie spielten zusammen. Dann war er plötzlich verschwunden – gestorben.«

Ehe wir schlafen, sagt sie noch mal: »So ein Krach, da tanzen sie wohl…« Es ist aber jetzt völlig ruhig.

Mittwoch, 4. März 1987 – 9 Tage vor ihrem Tod

Ich sitze an ihrem Bett. Jetzt schläft sie, aber ich sehe, wie sie Worte formt, dabei Mund und Zunge etwas bewegt. Einmal schlägt sie kurz die Augen auf, sieht mich (erkennt sie mich auch?) und macht sie wieder zu. Jetzt dreht sie den Kopf etwas herum und lächelt. Aber nach wenigen Augenblicken fällt er zurück in die alte Schlaflage.

Immer wieder einmal schlägt sie die Augen auf, fixiert mich, ich lächle ihr zu, da lächelt sie auch. Fällt gleich wieder in den Schlaf.

Mir fällt auf, daß sie seit gestern auf den Wangen ganz faltig wird – bis dahin hatte sie eine erstaunlich glatte Haut, aufgrund derer alle glaubten, sie sei viel jünger.

Dann sagt sie mal: »Ich kann nicht mehr – ich kann gar nicht denken!« Ich tröste sie: »Was willst du auch denken – du brauchst doch nichts zu denken – laß es doch!« Dabei entspannt sich etwas ihr Gesicht.

Freitag, 6. März 1987 – 7 Tage vor ihrem Tod
Sie hat ein verändertes, verquollenes Gesicht, reagiert kaum,
die Augen gucken wie durch mich hindurch.

Heute schläft sie übrigens nicht so viel. Krabbelt aber die
ganze Zeit am Bauch herum. Schlage einen Bauchwickel
vor, aber den will sie nicht. Abends, als ich Mutti fertiggemacht hatte, sagt sie ganz zärtlich und nah: »Vielen, vielen
Dank!«

Samstag, 7. März 1987 – 6 Tage vor ihrem Tod
Mutti sehnt immer das Ende der Nacht herbei: »Wenn sie
doch schon vorüber wäre!«

Mutti erscheint insgesamt frischer als etwa vorgestern. Sie
schläft immer rasch wieder ein, guckt aber beim Wachwerden
heller aus den Augen.

Dann sitze ich einen Augenblick am Schreibtisch; sie ruft
mich: »Ich bin so allein!« Ich setze mich zu ihr, wir verstehen
uns ohne viel Worte, sie gibt mir ihre Hand, die ich festhalte
und die sie nicht nur so da liegen hat, sondern auch mal kräf-
tig drückt. Dann fällt sie wieder in Schlaf.

Sonntag, 8. März 1987 – 5 Tage vor ihrem Tod
Sie schläft und schläft – mal kurz wachwerdend: »Ich bin
sooo müde – wie kommt das bloß?« Was soll ich darauf antworten? Ich sage: »Du ißt so wenig, da mußt du dir die Kräfte
im Schlaf holen.« Sie geht aber auf diese Bemerkung gar nicht
ein. Wenn sie in ihrer Schlafstellung liegt, denke ich manchmal, sie atmet gar nicht mehr. Am Nachmittag, als ich bei ihr
sitze, seufzt und ächzt sie dann mal bei geschlossenen Augen
mit schmerzverzerrtem Gesicht. Ich frage: »Wo tut es dir
weh? Soll ich dir helfen?« Sie reißt die Augen erstaunt auf
und sagt: »Nein, es tut nichts weh!«

Montag, 9. März 1987 – 4 Tage vor ihrem Tod

Nach sehr unruhiger Nacht, in der sie sich immer wieder hin- und herwälzt, die Bettdecke auf- und zurückschlägt, den Kopf hin- und herdreht, bin ich mehrmals aufgestanden, um ihre Lage zu ändern, sie wieder zuzudecken, die Beine zu besprühen, ihr zu trinken zu geben, sie zu beruhigen und mit ihr zu sprechen. Gegen Morgen stöhnt sie: »Ich bin so müde!«

Gestern schon fiel mir auf, daß Mutti nur ganz lapidare Antworten haben will. Heute beim Wachwerden: »Wie ist das mit mir?« Ich erschrecke. Was erwartet sie, was ich antworten soll? Tiefgründiges, Medizinisches, Theologisches? O nein, das Naheliegende, Einfache, Unmittelbare!

Dienstag, 10. März 1987 – 3 Tage vor ihrem Tod

Alles was ich mit ihr vornehme (Trockenlegen, Hände waschen etc.), läßt sie geduldig an sich geschehen.

Da sagt sie auf einmal ganz unvermittelt: »Ich danke dir sehr, daß du mich heute morgen wieder fertiggemacht hast. Danke! Ich habe ja gar nichts davon gemerkt.«

Manchmal sucht sie meine Hand, dann kommen wenige Äußerungen. Mal sagt sie: »Was soll ich?« Was sie wohl damit meint? Mein Reden, sie »solle« doch nichts, schien sie wenig zu befriedigen. Ob ich doch mal einen Psalm spreche mit ihr? Beten fällt mir so schwer, das will eben doch geübt sein! Es folgt eine unruhige Nacht.

Mittwoch, 11. März 1987 – 2 Tage vor ihrem Tod

Mutti ist matt, hat müde Augen, ihr Gesicht ist klein und ohne Glanz, so daß ich fast annehme, sie sieht nichts mehr. So erkläre ich auch ihre Frage: »Wie spät ist es?«

Dann sitze ich neben ihrem Bett; sie streckt ihre Hand unter der Bettdecke vor und öffnet sie so, daß ich meine hineinlege. Die drückt sie kurz, nimmt sie dann wieder unter die Decke und schläft weiter. Sie atmet tief mit offenem Mund.

Nach einem kurzen Mittagsschlaf, den ich in meinem Arbeitszimmer mache, klingelt sie wieder und sagt: »Ich bin so allein!« Obgleich sie, wenn ich dabeisitze, schläft, so empfindet sie anscheinend doch meine Gegenwart.

Wir sprechen kaum: »Bitte...« Aber ich kann nur raten, was sein soll, das Bein, Trockenlegen, etwas trinken.

Donnerstag, 12. März 1987 – 25 Stunden vor ihrem Tod

Gegen 24 Uhr hing einmal das linke Bein aus dem Bett, sie konnte es nicht allein wieder unter die Bettdecke bringen. Gegen 3 Uhr klagt sie: »Ich kann nicht schlafen!«

Früh Milchkaffee aus der Schnabeltasse – das meiste läuft vorbei. Ich sage, mehr Erklärung und Begütigung: »Na, will es nicht rutschen?« Sie, fast entrüstet: »Nein, *ich* kann nicht schlucken!« So verantwortet sie ihre Angelegenheiten bis in diese Dinge hinein selbst! Dann, beim Bedenken der vergangenen Nacht, sagt sie: »Ich wollte immer aufstehen!« Ist sie von einem Willen, wegzulaufen, aus eigener Kraft die Verhältnisse zu ändern, bestimmt?

Schwester Heidrun kommt und wäscht sie, aber Mutti reagiert nicht. Auch als sie sagt: »Frau Darmstädter, Sie erzählen ja nichts, keine Döneken«, antwortet sie nur: »Ich freue mich aufs Bett.« Ehe sie aber wieder dort liegt, baut sie ab, kollabiert, wird wächsern, der Puls ist kaum fühlbar, der Blutdruck nicht meßbar. Deutlich sieht es so aus, als ob jetzt das Ende da sei. Ich: »Soll ich den Doktor rufen?« Schwester Heidrun ist etwas zurückhaltend, nickt aber. Dort ist das Telefon besetzt. Ich bitte Clara, den Doktor zu verständigen. Ich höre, wie sie Schwester Heidrun fragt: »Was soll ich denn sagen?« »Kollabiert – vermutlich das Ende.«

Gegen 11.30 Uhr kommt der Doktor, er prüft, ob sie auf Ansprache reagiert. Ja, sie lächelt, sie kann auf seine Aufforderung hin die Stirn runzeln und die Beine heben. Er erklärt, das sei Flüssigkeitsmangel, sie müsse mindestens drei Liter trinken. Nun müsse Flüssigkeit zugeführt werden, wenn sie nicht selbst trinken könne, dann per Schlauch durch die Nase.

Schwester Heidrun könne das doch, oder ob sie Angst davor habe? Die lächelt: Nein, das könne sie selbstverständlich. Als er wieder weg ist, sagt sie, als ich meine Betroffenheit äußere: »Ja, so ist das mit den Ärzten.« Und sie sagt: »Sie können sich aber weigern!«

Und das werden wir auch tun. Schwester Heidrun kommt um 13 Uhr noch mal vorbei. Sie spricht Mutti zu, sie müsse ein paar Löffel trinken. »Ja.« Mutti fällt in tranceähnlichen Schlaf. Ihr Mund ist starr, fremd. Aber dann nach zwei Stunden etwa wird sie wieder etwas besser durchblutet und bekommt etwas Farbe. Sie atmet tief mit offenem Mund.

Ich kann nichts tun als gelegentlich löffelweise Wasser anzubieten.

Abends um 21.50 Uhr habe ich Schwester Heidrun gerufen. Wir machen die nötigsten Handreichungen, Schwester Heidrun wäscht ihr den Mund aus, träufelt ihr etwas Wasser ein.

Mutti fragt: »Was soll ich denn?« Jetzt finde ich eine Antwort (ist es die richtige?): »Loslassen mußt du, loslassen!« Das scheint sie zu verstehen; deutlich entspannt sie sich.

Sie kämpft, atmend, ächzend und röchelnd um Luft. Dann ruft sie einmal laut: »Anneli, meine Anneli!« Danach sinkt ihr Kopf auf die Seite, nun kämpft sie nur noch um Luft. Sie hat das Bewußtsein verloren.

Schwester Heidrun und ich sitzen bei ihr; wir können nichts mehr tun. Leise unterhalten wir uns; ich erzähle aus Muttis Leben, Schwester Heidrun vom Tod ihres Mannes. Einmal fragt Schwester Heidrun: »Soll ich Schwester Ansgara rufen, daß sie Gebete spricht?« Ich sage: »Das wäre sehr fremd für meine Mutter; das würde sie vermutlich eher irritieren.«

Immer wieder schlägt die Uhr zu den halben und den vollen Stunden. Wir schweigen. Mutti kämpft und kämpft. Die tickende Uhr – die verrinnenden Stunden – dann erlischt das Röcheln.

Freitag, 13. März 1987

Um 1.45 Uhr ist Mutti gestorben.

Ich habe viel zu tun mit den nötigen Anordnungen und Erledigungen. Für die Trauerdrucksache finde ich einen schönen Vers aus ihrem dicken Gedichtband, den ich darübersetzen lasse:

Den lieben Gott laß ich nur walten;
der Bächlein, Lerchen, Wald und Feld
und Erd und Himmel will erhalten,
hat auch mein Sach aufs best bestellt!

JOSEPH VON EICHENDORFF

Rückblickend kann ich sagen, daß sich mein bis dahin so oft tief verletztes Verhältnis zu meiner Mutter schlagartig änderte, als sie schon in Wesel zuließ, daß ich sie versorgte. Vorher hatte sie für mich und mein Leben nicht das geringste Interesse. Unser Verhältnis war bis dahin gespannt, sie verletzte mich immer wieder mit spitzen und kränkenden Bemerkungen. Sie hätte wohl nie geglaubt, daß ich zu ihr halte auf dieser letzten Lebensstrecke. Nun plötzlich dachte sie auch mal an mich! Als ich sie versorgte, dankte sie mir sogar dafür. Von da an war ich frei und ihr zugewandt, alle Bitterkeit der früheren Jahre war wie weggewischt. In den folgenden Wochen hatten wir ein heiteres, vertrautes, liebevolles Verhältnis. Es war völlig neuartig für uns.

Ich empfand meine Verantwortung und Sorge für sie als wichtigstes Anliegen, auch wenn es für längere Zeit nötig gewesen wäre. Ich kann vermuten, daß sich meine Mutter geborgen und aufgehoben fühlte; sie konnte ihre Gefühle frei äußern. Sie war glücklich, wenn ich erriet, was sie bedrückte, und konnte sich durchaus schon mal in meine Lage versetzen. Und immer wieder hat sie auch ihr Glück, meine Nähe und Pflege zu haben, geäußert. Sie wollte sich bedanken, es »gutmachen«, sich dafür erkenntlich zeigen. Unsere Empfindungen waren in den letzten Wochen bis zum Schluß solche, wie sie sich bei einem auf Dialog angelegten Verhältnis ergeben: Nähe, Verstehenwollen und Verstandenwerden, Gemeinsamkeit in dieser unerhörten Lebensphase.

Alles war sehr gut! In dem überschaubaren Ort mit Nachbarschaft und Bekanntheit bei Geschäftsleuten empfand ich Anteilnahme rundum, das war außerordentlich hilfreich. Jeder war bereit zu helfen und war verständnisvoll. Wenn z. B. Frau S. beim Metzger ein besonders schönes Stück Rindfleisch zu einer Fleischbrühe »für Frau Pokrandts Mutter« verlangte, konnte sie sicher sein, das allerbeste Stück im Laden zu bekommen.

Ich glaube, daß sich das Netz der Hilfsbereitschaft aus der Struktur des Ortes ergab; man war bekannt und geschätzt. In der Anonymität einer Großstadt kann ich mir ähnliches kaum vorstellen.

Ich fühlte mich zeitlich ganz und gar freigestellt durch meine eben möglich gewordene vorzeitige Pensionierung. Ich konnte mich so ganz in den Dienst der Pflege stellen.

Außerdem war das alles möglich durch die selbstlose Mithilfe meiner Freundin, die mich von allen sonstigen Pflichten entlastete. Bei ihr konnte ich mich dazu aussprechen, was sich an Schwerem ergab, mit ihr verarbeiten. Das alles war einzigartig!

Mir bedeuten diese fünf Wochen der Sterbebegleitung die wesentlichste Zeit meines Lebens überhaupt. Auch jetzt, neun Jahre nach dem Tod meiner Mutter, erinnere ich mich oft an einzelne Vorkommnisse, an einzelne Äußerungen aus jener Zeit. Dabei kommen mir vor allem auch die heiteren Seiten meiner Mutter in den Sinn, die damals durch unser gutes Einverständnis zutage traten und ihre eigentliche Lebenseinstellung zeigten. Dadurch ist meine Mutter mir liebenswerter als je zuvor in ihrem Leben.

»Es gibt keinen nächsten Frühling mehr«

Angelika Lisitzki

Wenn keine Geschichten mehr von einem erzählt werden
und keine Anekdoten, erst dann ist man wirklich tot.

MARION UMLANDT

Als im Juni 1995 die Diagnose »fortgeschrittener Lungen-
krebs mit Hirnmetastasen und einem großen Hirnödem« kam,
blieb Marion, meine Schwiegermutter, ganz ruhig. Sie hatte
schon lange geahnt, schwer krank zu sein, und nun erst erkannten wir auch die eindeutigen Anzeichen, daß Marion
wohl schon länger müder und kraftloser war. Der Haushalt
und der Garten waren vernachlässigt, und wir waren nicht
aufmerksam geworden!

Ihre einzige Sorge galt aber nur ihrem Sohn Andreas. »Wie
soll er es verkraften?« In den nächsten Wochen erzählte sie
jedem Menschen, mit dem sie in irgendeiner Form Kontakt
hatte, von ihrer Krankheit und ihrem baldigen Tod. Während
der Zuhörer häufig entsetzt und ungläubig reagierte, witzelte
Marion manchmal sogar über ihr Dasein als Engel, der auf
Wolke sieben sitzt und sich köstlich über uns amüsieren
wird.

In dieser ersten Zeit nach der Diagnose (unheilbar und
nicht mehr therapierbar) war Marion tagsüber nur noch selten
allein. Freunde, Freundinnen, Nachbarn, wir kamen und gingen, brachten Essen mit, Lesestoff oder einfach nur nette Kleinigkeiten. Manchmal wurde es Marion zu viel, und sie
schimpfte über die unglaublichen Mengen Lebensmittel, die

sich im Kühlschrank anhäuften – doch genoß sie diese Art des Verwöhntwerdens.

Sie brauchte nur Appetit auf eine bestimmte Speise zu äußern (z. B. frisch gekochtes Apfelmus), und kurze Zeit später standen große Mengen auf dem Tisch. Doch jeder, der Marion etwas mitbrachte, achtete darauf, ihr nie das Gefühl zu geben, man hätte durch sie jetzt mehr Arbeit gehabt o. ä. Marion liebte das Kochen, herumzuexperimentieren mit Rezepten, andere Menschen mit einem guten Essen zu verwöhnen. Sie hätte »Pflege, Hilfe im Haushalt« nicht angenommen. So waren es die Zufälle, daß man »mal eben vorbeiguckte« oder auf dem Markt zuviel eingekauft hatte und nicht wußte, wohin damit.

Weiterhin besuchte Marion Konzerte, ging zu Geburtstagseinladungen und Bridgenachmittagen. Wer keine Kenntnis über ihre Krankheit hatte, hätte ihr nie etwas angemerkt.

In dieser Phase hatte Marion innerlich nicht begriffen, was sie jedem erzählte: »Ich werde das Blühen meiner Blumen im Garten im nächsten Frühling nicht mehr erleben.« Vielleicht konnten wir deshalb eine sehr lange Zeit offen über das Sterben, ein Leben nach dem Tod, Beerdigung usw. sprechen. Wobei Marion nie betonte »Bei meiner Beerdigung...«. Immer wieder flehte sie uns an, wir müßten ihr die Möglichkeit eines würdevollen Todes versprechen, keine unerträglichen Schmerzen, keine Qualen, keine Maschinen. Ebenso ermahnte sie bei einigen Themen: »Daß ihr es euch gut merkt, bald kann ich euch nichts mehr erzählen.« Sicherlich haben wir manchmal mit Tränen in den Augen versucht, das Gespräch auf ein anderes Thema zu lenken. Ihre Offenheit tat weh, uns in dieser Phase mehr als Marion, obwohl sie die zum Tode Verurteilte war. Einige aus Marions Umkreis ertrugen diese Direktheit nicht, Kontakte rissen ab, und zurück blieb eine Gruppe zuverlässiger, liebevoller, einfühlsamer Menschen, die Marion bis zum Schluß begleiteten.

Heute sind wir froh über den Ablauf dieser Phase: Marion

war nicht pflegebedürftig und trotzdem nicht mehr alleine. Nie wieder sollte in den nächsten Wochen der Kontakt so innig und offen sein, nie wieder haben wir uns einander so ohne Masken kennengelernt, denn plötzlich wurde Marion klar, daß sie sterben würde.

Innerhalb weniger Tage veränderte sie sich, das Wort »Krebs« wurde nicht mehr benutzt, sie wirkte verschlossen, grantig, teilweise abweisend. Es kam nicht selten vor, daß man sie besuchte und Marion während der nächsten Stunden nur auf den Fernseher starrte oder ständig umschaltete. Auf Fragen wurden kurze, stichwortartige Antworten gegeben. Wir fühlten uns hilflos und überflüssig. In dieser Zeit suchten wir verzweifelt nach Beschäftigungsmöglichkeiten für Marion. Sie ging in dieser Phase kaum noch aus dem Haus, und fast hatte man den Eindruck, sie warte auf den Tod. Alle Institutionen, denen wir unser Problem schilderten, boten keine Dienstleistung im Sinne von Beschäftigungstherapie an oder nur stationär, also nicht bei Marion zu Hause. Selbst Gesellschaften, die sich als professionelle Sterbebegleiter sehen, wollten nur zu Gesprächen über den Tod usw. kommen.

Dieser wochenlange Abschnitt wurde unregelmäßig von einem starken Aufbäumen unterbrochen. Marion kaufte Bücher über Krebserkrankte, monierte, es gäbe keine gescheiten Berater für die Betroffenen, suchte gezielt entsprechende Fernsehsendungen heraus, und vor allen Dingen bat sie um eine Therapie, sie flehte um Hilfe. Sie bräuchte einen Strohhalm, sonst würde jeder weitere Tag zur Qual werden. Sie wurde laut, beleidigend, fordernd − eine Ertrinkende, die nach dem Rettungsring rief, nur gab es keinen. Sie bestand auf homöopathische Mittel, von denen im Fernsehen gesprochen worden war. Sie bat, Eutoniestunden bekommen zu können. Tatsächlich fanden wir nach zwei Wochen auf Umwegen eine Eutonietherapeutin, die sofort bereit war, zu Marion nach Hause zu kommen (die einzige, die dazu bereit war).

Was waren das für schreckliche Stunden auf der Terrasse

im Hochsommer: Eine immer noch relativ gesund und vital aussehende Frau von 65 Jahren bittet um einen Strohhalm, den es nicht gibt, und langsam beginnen wir uns untereinander zu zerstreiten, ob wir Marion belügen sollen, ihr einfach medizinische Therapie mit dem Versprechen anbieten, sie werde geheilt. Dieses Leid der Ausweglosigkeit, diese tiefe Verzweiflung war für uns kaum noch zu ertragen – wie unvorstellbar schlimm muß es dann erst für Marion gewesen sein!

Dazu kam eine leichte Überreizung bei allen Beteiligten, zu Hause stapelte sich die Arbeit, Kinder und Beruf waren seit Wochen stark vernachlässigt worden, und insgesamt fühlten wir uns überfordert. Marion muß es gespürt haben: Sie schickte uns zum Essengehen, gab uns Konzertkarten und versprach, daß sie in diesen Stunden unserer Abwesenheit nicht allein wäre. Sie war es dann auch nicht.

Die Phasen des Aufbäumens wurden kürzer. Wir kamen uns so überflüssig vor, bis Marion meinte: »Wenn man innerlich etwas zu verarbeiten hat, kann man nicht immer Kontakt nach draußen halten.« Wie schon so oft in diesen Wochen beruhigte sie uns, gab uns Kraft – das wäre eigentlich unsere Aufgabe gewesen.

Irgendwann des Nachts kamen Marions Eltern und ihr vor neun Jahren verstorbener Mann Kurt. Marion stand nicht unter Medikamenten und war auch sonst voll bei Bewußtsein. Sie phantasierte nicht, als sie ihren Mann sprechen hörte, während er seine Hand auf ihre Schultern legte. Sie solle mitkommen, sie solle Vertrauen haben. Manchmal rief sie Andreas, der jetzt nachts immer bei ihr schlief, er solle zur Treppe laufen, der Vater wäre da, und völlig klar sprachen die beiden fast bis zum Morgengrauen über diese Besucher. Man spürte den inneren Kampf in Marion. Sie hatte jetzt eine Phase erreicht, in der sie nur noch selten ihr Schlafzimmer verließ, der Appetit ließ deutlich nach und auch die Kraft. Und trotzdem entschied Marion sich, in einer dieser Nächte zu bleiben. »Was ist, wenn ich diesen Erscheinungen glaube, mitgehe und dann ist da nichts mehr? Euch kann ich anfassen, euch gibt es wirklich – ich bleibe noch.« Tatsächlich ist vier Wochen lang keiner der Verstorbenen mehr gekommen.

Inzwischen hatten wir einen 24-Stunden-Betreuungsplan aufgestellt, von dem Marion nichts wußte. Freundinnen und Nachbarn wechselten sich mit uns ab, jeder war »zufällig« vorbeigekommen. Außerdem führten ausgebildete Bekannte Krankengymnastik durch, die Eutonietherapeutin kam weiterhin. Zusätzlich half noch eine Gemeindeschwester mit, die in die Lücken des Plans einsprang.

Viele Kämpfe und Diskussionen fanden nun statt. Marion begann, die Besucher zu selektieren, einige Anstrengende wollte sie nicht mehr wiedersehen (obwohl man sich seit Jahrzehnten kannte) und sagte es den Betreffenden auch klar und offen.

Unsere morgendlich gereichte Waschschüssel wurde entrüstet abgelehnt, ebenso der ins Haus bestellte Friseur. Irgendwann schleuderte Marion erbost ihre Decke zurück, ging erhobenen Hauptes in die Dusche und duschte allein! Sie wollte uns beweisen, daß sie nicht so krank ist, auf eine Waschschüssel angewiesen zu sein. Wir waren beschämt, hatten wir doch die Begleitung genau überlegt und untereinander besprochen und ganz vermieden, Marion mit einzubeziehen, denn das Thema »Sterben« war immer noch ausgegrenzt.

Als Kurt wieder nachts zu Besuch kam, erkannten wir die Zeichen nicht. Irgendwann wurde Marion müde, bat ihre Söhne, einfach am Bett sitzen zu bleiben, und schlief ein. Erst als am nächsten Tag der Pastor dagewesen war und beide Söhne wieder am Bett saßen, hörte Marion auf zu atmen.

Heute sehen wir, daß wir fünf Monate lang voneinander Abschied genommen haben. Diese Zeit hat unsere Einstellung über Lebensgestaltung/Lebensführung radikal geändert. Wir wollten Marion helfen und begleiten bis zum Tor. Doch eigentlich konnten wir nur versuchen, die äußeren Rahmenbedingungen nach Marions Wünschen zu schaffen. Dabei mußten wir lernen, unsere eigenen Vorstellungen für diese Lebensphase zurückzustellen.

Marion hat uns geholfen. Sie hat uns Mut gegeben, getröstet, gewitzelt, geschwiegen. Einigen Freundinnen war sie bis zum Ende Seelsorger und Ratgeber.

Und irgendwann konnte Marion uns beruhigt loslassen und ging weiter durch das Tor hindurch.

Nachgespräch

B. B.: Haben die Ärzte Marion persönlich die Diagnose mitgeteilt?

A. L.: Nein, sie haben es meinem Mann, der ebenfalls Mediziner ist, gesagt. Er hat mit seiner Mutter über die Diagnose gesprochen.

B. B.: Akzeptierten die Ärzte den Befund, oder versuchten sie noch weitere Behandlungen?

A. L.: Weitere Behandlungen wären nutzlos gewesen. Das Gespräch mit meinem Mann war alles.

B. B.: Hat Ihre Schwiegermutter selbst Wünsche bezüglich Beerdigung, Testament usw. geäußert?

A. L.: Nein. Aus Gesprächen und dem Ablauf früherer Beerdigungen wußten wir auch so, was sie wünscht (Opernsängerin auf Empore usw.).

B. B.: Sie schrieben, professionelle Sterbebegleiter boten nur Gespräche über den Tod an?

A. L.: Ja, ihr Ziel war: Tee trinken, Händchen halten, vorsichtig über den Tod reden. Wir hatten gehofft, sie würden Marion ein wenig ablenken, vielleicht mit ihr Spaziergänge machen, die Freizeit aktiv gestalten.

B. B.: Ihre Schwiegermutter hat es geschafft, selbständig zu duschen?

A. L.: Ja. Sie hatte auch keine Probleme mit der Atmung.

Einmal hatte sie Atemnot durch Wasser im Herzbeutel. Nach einer entsprechenden Behandlung ging es ihr wieder besser.

B. B.: Wie starb sie?

A. L.: Marion spuckte Blut. Sie schickte ihren einen Sohn, der kein Blut sehen konnte, mit einem Auftrag hinaus. Ihren anderen Sohn bat sie, das Bett zu reinigen. Sie schlief dann ganz ruhig ein.

Nachdem Marion gestorben war, hatten wir das Gefühl, als wenn ihre Seele in uns hineinging und uns Kraft gab. Es kam eindeutig von ihr. Sie war auch abends noch bei uns in der Wohnung.

Bei der Trauerfeier, als ihr Lieblingslied gespielt wurde, ging sie durch die Reihen.

»Sterben einer starken Persönlichkeit«

Brigitte Seidel
(ehemalige Schwester in der ambulanten Krankenpflege)

Er war ein 49jähriger selbständiger Kaufmann, zum zweiten Mal verheiratet. Aus der ersten Ehe hatte er zwei Kinder. Er war ein Mann, der durch seine Größe und starke Erscheinung schon eine autoritäre Persönlichkeit darstellte. Die Diagnose lautete: Nierenkarzinom. Eine Niere war bereits entfernt worden. Nach sechs Monaten hatten sich Knochenmetastasen im Lendenwirbelsäulenbereich gebildet, es lag eine Lähmung der unteren Extremitäten vor.

Der Patient bestimmte selbst sein Sterben, das Wie, Wo, Wann. Mit »wann« meine ich, daß er bestimmte, wann er aufgeben, loslassen wollte. Die Kontaktaufnahme fand, bevor er aus dem Krankenhaus entlassen werden sollte, durch seine zweite Frau statt. Sie fragte um Rat bezüglich Ausstattung eines Pflegezimmers zu Hause und Beschaffung eines elektrisch verstellbaren Bettes. Sie brauchte außerdem Informationen über finanzielle Hilfen durch das Versorgungsamt und die Krankenkasse. Ich organisierte die Pflege durch das Hilfspersonal. Die Sterbebegleitung dauerte ca. ein Jahr.

In der Zeit machte der Patient alle Phasen des bewußten Sterbens durch. In der Phase der Auflehnung versuchte er, sich durch Katalogbestellungen von Uhren ein Stück Leben mitzukaufen. Man mußte ihm schließlich das Telefon wegnehmen, da er sonst durch seine Käufe die Familie in den Ruin getrieben hätte. In einer anschließenden kindlichen Phase entschuldigte er sich für sein Handeln. Es folgte eine

Trotzphase. Er zündete zum Beispiel sein Bett an, um zu sehen, ob man es bemerken würde. Als der Qualm aus dem Bettzeug aufstieg, rief er um Hilfe. Er verweigerte die Nahrungsaufnahme, wollte nicht mehr aufstehen, wollte nur in Ruhe gelassen werden.

In der aggressiven Phase wandte er sich verstärkt gegen die Menschen, die er mochte. Seine zweite Frau machte er ziemlich fertig, trieb sie in Phasen der Verzweiflung.

Im nächsten Abschnitt nahm er sein Schicksal an. Ich wußte allerdings nie, wie er auf mein Kommen am nächsten Tag reagieren würde. Dreimal am Tag kam ich zu ihm. Es gab Tage, da lehnte er alle ab, hatte an allem etwas auszusetzen. Ich war für ihn der Kopf der Pflegegruppe, von mir erwartete er größtmögliche Hilfe.

Unmotiviert verlangte er den Besuch von Freunden, konsumierte große Mengen Rotwein, rauchte plötzlich 50 bis 60 Zigaretten am Tag. Dann rauchte er nur noch Zigarren, dann wieder überhaupt nicht mehr. Seine Frau mußte die Freunde einladen, wenn er es verlangte. Er setzte alle unter Druck. Dann begann er zu malen, Kinderbilder. Mit dem aktuellen Tagesgeschehen beschäftigte er sich nur, wenn er es wollte. Kommende Freunde begrüßte er oft mit dem Satz: »Hallo, ich lebe noch!«

Er hatte Angst vor der Stille. Je nach Stimmung lief sehr laute Musik. Der Patient war ein Tyrann. Er wollte die Zukunft der Familie bestimmen. Der Sohn seines ersten Sohnes sollte einmal seinen Namen tragen und Nachfolger in der Firma werden. Der Sohn war weder verheiratet, noch plante er für die nähere Zukunft etwas Entsprechendes. Der Patient verlangte aber das Versprechen, daß seine Forderung erfüllt wird.

Die Ärzte waren in der Zeit absolut hilflos. Sie verordneten alles, was er verlangte. Im psychischen Bereich waren sie total überfordert. Der Patient, der in ihrem Alter war, konfrontierte sie mit ihrer eigenen Endlichkeit, die sie, wie die meisten Menschen, verdrängten.

Die Ehefrau verdrängte nur. Vier Wochen vor seinem Tod suchte sie noch im Ausland Hilfe für ihn. Sie hatte Angst vor dem Alleinsein. Sie unterstützte sein Verlangen nach Gesellschaft, weil sie Angst hatte, mit ihm allein zu sein.

Seine Mutter duldete er nur, es bestand immer eine gewisse Distanz zwischen ihnen. Seine zahlreichen Freunde hielten ihm die Treue. Sie luden ihn noch in ihre Wochenendhäuser ein. Außerdem spendeten sie ihm einen Bus, der umgebaut wurde, damit man ihn liegend transportieren konnte. Seine Lieblingsfahrt in Bremen war zum Marktplatz, um dort eine Bratwurst essen zu können.

Trotz aller Freunde machte er einen einsamen Eindruck. Eigentlich hatte er nur seine Ehefrau, die sich ihm total unterordnete und nach seinen Bedingungen mit ihm lebte.

Das Verhältnis Patient/Pflegepersonal war ein Nehmen und Geben, selbst wenn es manchmal schwer war. Die Zielsetzung war immer, das Leben zu bejahen und den Patienten auf das Sterben vorzubereiten.

Ich verspürte oft eine große Faszination dem Patienten gegenüber, obwohl ich schon 14 Jahre in der ambulanten Krankenpflege tätig war. Ich habe viele Menschen sterben sehen, aber nie eine so starke Persönlichkeit. Ich achtete ihn als Patient, hatte mit ihm als Mensch aber Schwierigkeiten. Er war so unberechenbar und forderte ständig. Er war auf seine Endlichkeit fixiert, interessierte sich kein bißchen dafür, wie ich es empfand, was es für mich bedeutete. Ich organisierte einen genauen Pflegeablauf, wie z. B. die pünktliche Medikamenteneinnahme usw.

Das oberste Gebot war die Erhaltung der Lebensqualität des Patienten. Ich spürte oft nicht meine eigene Überforderung. Ich ging ganz auf ihn ein, erspürte seine Stimmungen in den verschiedenen Phasen. Erst war er ein harter Geschäftsmann, während der Begleitung dann ein weicher Mensch, der es trotzdem nicht geschafft hat, mit vielen anderen Menschen Frieden zu schließen.

Er erzählte mit Vergnügen, daß er seiner ersten Frau einmal eine Flasche Tinte in die Badewanne geschüttet hatte, weil er sie nicht mehr leiden konnte. Er suchte nie eine offene Auseinandersetzung oder stellte sich ihr, auch nicht in seinen letzten Tagen.

Sein Sterbetag begann wie einer der vielen anderen Tage vorher. Seine körperlichen Kräfte waren aufgebraucht, seine geistige Kraft wurde schwächer und sanfter. Zu einer der Schwestern hatte er mit der Zeit eine gute Bindung aufgebaut. Sie durfte als einzige seine Hand nehmen und streicheln. So geschah es auch an diesem Tag. Die Schwester besuchte ihn zur Mittagszeit, ich kam gleichzeitig, um ein Schmerzmittel zu spritzen. Um 19 Uhr war die nächste Injektion fällig, er war sanft und bedankte sich. Am Abend war ich eingeladen, aber sehr unruhig. Auf dem Nachhauseweg fuhr ich gegen 22 Uhr zu dem Patienten. Ich kam in sein Zimmer und erlebte seine Sterbephase. Auf mein Ansprechen hin kam von sehr weit her nur noch eine schwache Reaktion. Ich versuchte der Ehefrau die Situation zu erklären, sie reagierte ungläubig darauf und sagte:»Unmöglich, er hat doch noch vor einer Stunde einen Cognac getrunken!« Sie war nicht zu bewegen, ihn noch einmal zu berühren. Ich habe dann noch einen Pfleger angerufen, der ihn mit betreute. Wir stellten ihm sein Lieblingsorgelspiel an, zwei Stunden später war er tot. Der Patient wurde von uns versorgt, dann verbrachten wir mit der Ehefrau den Rest der Nacht.

Seine Witwe bestattete ihn im engsten Kreis, was er nie gewollt hätte. Er wollte immer seine Freunde um sich haben. Ich hatte das Gefühl, daß die Witwe nun die Möglichkeit hatte und es genoß, über ihn zu bestimmen.

Während meiner Begleitung befand ich mich ständig im Wechselspiel meiner Gefühle. Ich bewunderte den Patienten, verspürte eine Wut auf die Macht der Erkrankung und auch Wut auf den Patienten, der alle in diesen Lebenskampf mit einbezog und dabei verschlang. Ich war auch wütend auf die

Ehefrau, die alle Pflichten gerne abgab und nicht bereit war, sich aktiv zu beteiligen. Meine Wut richtete sich ebenfalls gegen die gesellschaftliche Stellung des Patienten. Wäre er arm gewesen, wären viele Leistungen von einer gesetzlichen Krankenkasse nicht bezahlt worden. Letztendlich war ich wütend auf mich selbst, weil ich mir so viel gefallen ließ. Ich habe in dieser Zeit sehr viel Lebenskraft gegeben. Ich traute keinem der pflegerischen Hilfskräfte zu, daß sie die Pflege gut genug machten. In der Zeit war ich vierzehn Tage in Urlaub und fand es ganz normal, daß meine Vertretung sich in der Zeit total überfordert fühlte. Ich fand es richtig gut, daß der Hausarzt nur von einem Engel sprach, wenn er über mich sprach (obwohl ich nicht engelhaft bin). Ich wurde süchtig nach Anerkennung von außen. Diese Begleitung hat mein ganzes Leben verändert. Ich habe danach meine Arbeitsstelle in der ambulanten Pflege nach 14 Jahren gekündigt und bin wieder zurück ins Krankenhaus gegangen. Ich wollte mich niemals wieder so auf einen Patienten einlassen.

Ein Jahr später erkrankte ich selbst an Krebs. Als eine Ursache sehe ich an, daß ich mich immer über meine Kraftgrenzen hinaus engagiert habe und auch nie selbst Rücksicht forderte.

»Hospizhelferin mit Leib und Seele«

Usha Schroeder

Liebe Frau Bohnhorst, ich möchte Ihnen von der Begleitung einer Aidspatientin erzählen.

Mein Bericht kommt spät. Ich bin im Moment ganz fest in einer Begleitung, die auf das Ende zugeht – und das heißt für mich, viel Zeit zu investieren. Ich bin jeden Tag da, unterschiedlich lang, je nachdem, wie es gefordert wird. Gleichzeitig begleite ich auch die Angehörigen, und wenn ich dann zu Hause bin, bin ich so erschöpft, daß ich für Sie nicht mehr auf Kassette sprechen kann. Ich bemühe mich, aber ich bemerke mein Rebellentum.

Wir sprachen schon am Telefon über die Tabuisierung vom Tod, daß der Tod in unserer Gesellschaft nicht mit ins Leben einbezogen wird. Ich begleite gerade eine Frau, die im Altenheim liegt, und ich merke ganz deutlich, daß das Altenheim nicht der Ort ist, wo »öffentlich« gestorben werden darf. Es wird auch da das Sterben verdrängt und nach Möglichkeit klein gehalten, damit niemand von den anderen Bewohnern mitbekommt, daß ein Angehöriger des Heims gestorben ist. Es macht mich sehr, sehr traurig, denn ich denke, die Menschen kommen ins Altenheim, weil es zu Hause nicht mehr geht oder weil sie aus gesundheitlichen oder anderen Gründen nicht mehr alleine leben können. Es wäre einfacher, wenn auch dort mit dem Tod anders umgegangen würde. Über den, der stirbt, wird nicht gesprochen. Es wäre auch im Heim schön, wenn die Mitbewohner, die diesen Menschen kennen, ihn gleichzeitig mit begleiten würden. Es ist nicht möglich, es ist wohl eine Idealvorstellung von mir. Auch dort sollte der Tod einen Platz haben, einen »öffentlichen« Platz.

Die Dame, die ich begleite, hat einmal versehentlich zu der Schwester gesagt: »Darf ich vorstellen, das ist Frau Schroeder, meine Sterbebegleiterin.« Ich bin keine Sterbebegleiterin, sondern ich bringe jeden Tag ein Stück Leben mit in dieses Zimmer – ich bin Hospizhelferin. Ich begleite Menschen auf dem letzten Lebensweg. Die alte Dame hat es versehentlich so ausgesprochen, und die Schwester war sehr erschrokken. Wenn sie mich jetzt kommen sieht, habe ich immer das Gefühl, sie sieht mich mit dem Sensenmann und glaubt, daß ich den Tod gleich in der Hand habe. Sie macht dann gerne einen großen Bogen um mich herum. Ich merke auch, daß das Pflegepersonal, wenn ich da so sitze, Strategien entwickelt, um deutlich zu machen: »Wir machen das aber.« Als ich die alte Dame noch rausfuhr – jetzt geht es nicht mehr –, da kam die Schwester, um wenigstens noch die Hände einzupacken, obwohl die alte Dame es nicht wollte. In den Altenheimen, wo die Menschen ganz zuletzt hingehen, kann nicht würdig gestorben werden.

Ich habe ganz viel Kritik am Pflegepersonal anzubringen. Wie sie mit den Menschen umgehen, wie sie, bewußt oder unbewußt, dem Menschen oft die Würde nehmen, indem sie ihm oft auch das noch wegnehmen, was er allein noch kann. Die Schwester hetzt durch die Zimmer, und der alte, kranke Mensch wird in Eile gewaschen, weil ja noch fünf andere Menschen gewaschen werden müssen. Andererseits kann das Personal es nicht ertragen, wenn ein anderer am Bett eines alten Menschen sitzt. Man hat den Eindruck, daß sie ihn besitzen, nur weil sie auf der Station Pflegepersonal sind. Ich wünschte mir, daß zwischen den ehrenamtlichen Hospizhelfern und dem professionellen Pflegepersonal mehr Verbindung besteht. Es könnte auch da eine liebevollere Umgehensweise sein. Ich empfinde nur Konkurrenzdenken gegen mich. Ich habe nicht das Bedürfnis, einer professionellen Pflegekraft etwas wegzunehmen. Ich will ihr die Arbeit erleichtern, indem ich mich eine Zeitlang an das Bett eines sterbenden Menschen setze. Die Pflegerin kann die anderen in Ruhe pflegen, weil sie weiß, dieser Mensch ist nicht alleine. Leider wird es vom Pflegepersonal nicht so gesehen. Das zu der Begleitung.

Es gibt Unterschiede, wenn Menschen sagen: »Ja, ich habe mich mit meinem Tod auseinandergesetzt, aber ich muß darüber jetzt nicht reden. Ich lebe ja noch!« Da merke ich dann, wenn ich in einem Gespräch noch einmal tiefer nachhake, daß der Mensch sich mit seinem eigenen Tod gar nicht auseinandersetzt, weil er Angst hat. Ich höre immer wieder bei Menschen, wenn ich erzähle, daß ich Hospizhelferin bin: »Ach du meine Güte, so etwas Schwieriges, Trauriges könnte ich nicht machen.« Es ist nicht im Bewußtsein, im Kopf der Menschen, daß der Tod zum Leben gehört. Es ist einfach noch nicht angekommen. Der Tod wird als etwas ganz Schreckliches angesehen, auch nicht als Übergang. Für mich ist Tod Übergang in etwas anderes, was ich nicht weiß. Nur weil ich nichts weiß, muß es ja nicht furchtbar oder traurig sein.

Das Tabu ist so stark im Altenheim und auch im Krankenhaus. Es sind im Krankenhaus immer wieder die gleichen Schwestern, die das Zimmer betreten. Aber wenn ich auch da nachhake, erlebe ich immer wieder, daß sie es zwar aushalten können, sich mit ihrem eigenen Tod aber nicht auseinandergesetzt haben.

Ich habe einmal eine Indianerweisheit gelesen, die ich unheimlich schön finde. Ein Schamane sagt darin: Ein Kind ist ein Wesen, das gerade aus dem großen Geheimnis gekommen ist, und ich, der ich ein alter Mann bin, bin gerade dabei, in das große Geheimnis zurückzukehren. In Wirklichkeit sind wir einander also sehr nahe.

Ich denke viel darüber nach und spüre auch viel, was das heißt, gerade auch bei der Begleitung, die ich augenblicklich habe. Es ist eine alte Dame von 88 Jahren, die schwer herzkrank ist und jetzt die letzte Phase ihres Lebens erlebt. Da merke ich, was es heißt, daß sie als alte Frau in das große Geheimnis zurückkehrt.

Nun zu meiner Begleitung einer Aidskranken. Aids in unserer Gesellschaft ist ein Thema, über das nicht gesprochen werden darf. Niemand darf wissen, daß ein Aidserkrankter gepflegt wird, es wird rundherum tabuisiert. Verwandte wissen wohl, daß in der Familie ein Mensch schwer krank ist, aber sie wissen nicht, daß der Mensch Aids hat. Die Angehörigen haben Angst vor Ausgrenzung; Angst, nicht mehr gegrüßt zu werden; Angst, daß die Menschen nicht mehr ihr Haus betreten. Das sind Erfahrungen, die Menschen gemacht haben und die sie immer wieder erleben.

Ich habe eine aidskranke Frau begleitet, die 38 Jahre alt war, als sie starb. Sie wurde durch ihren Mann infiziert, er als Bluter durch eine Blutkonserve. Es war eine hochdramatische Geschichte. Ihr Mann war schon gestorben. Ich lernte sie sechs Monate vor ihrem Tod kennen. Ich bin in die Begleitung eingestiegen, weil eine Hospizhelferin, die in der Aidshilfe arbeitete, einfach vom Zeitvolumen her überfordert war. Sie hatte die Begleitung schon ein Jahr gemacht, und ich hatte die Zeit und die Kraft, einzusteigen. Ich habe ihren Urlaub abgedeckt, damit sie wieder Kraft tanken konnte. Die Patientin war bei ihren Eltern. Sie hatten ihr Haus für die Pflege extra umgebaut, damit sie mit ihrer Tochter zusammenleben konnten. Die Eltern waren sehr besorgt um ihr Kind. Das erste, was ich von ihnen zu hören bekam: »Und sprechen Sie mit unserer Tochter bloß nicht über den Tod, das möchten wir nicht. Überanstrengen Sie unsere Tochter nicht, wenn Sie bei ihr sind.« Die Wünsche des Angehörigen oder des Menschen, den ich begleite, sind meine Richtlinien, ich habe es akzeptiert.

Ich lernte sie in einem Zustand kennen, in dem ihr schon alles ziemlich egal war. Sie ließ sich von vorne bis hinten bedienen, teilweise lebte sie Dinge gegen ihre Eltern aus, die wohl früher entstanden sind. Ich habe mich immer gefragt, warum diese junge Frau ihre Mutter bei der Pflege so in die Knie zwang.

Die junge Frau selbst war sehr apathisch, als ich sie kennenlernte. Als ich sie fragte, was sie sich wünschen würde, was wir in der gemeinsamen Zeit machen könnten, sagte sie, sie habe zwar Wünsche, aber sie wüßte es nicht, es wäre egal. Ich habe mit ihr Mandalas (Mandala, aus dem Buddhismus: magische Kreis- oder Vieleckfigur als Meditationsmittel) gemalt, es faszinierte sie. Sie konnte aber, wenn ich bei ihr war, in zunehmendem Maße nicht mehr richtig denken und auch keine Farben erkennen. Es kam nichts mehr, sie wußte nichts mehr. Sie konnte Begriffe und Farben nicht mehr benennen, es fiel ihr nichts mehr ein. Ich habe erfahren, daß die neuen Medikamente, die es für Aidskranke jetzt gibt, im Gehirn sehr viel zerstören.

Die Eltern setzten alle Hoffnungen auf die neuen Medikamente. Bei jeder Verschlechterung, z. B. entzündliche Prozesse (eitriger Mund, entzündete Zähne), tätschelte die Mutter die Wange der Tochter und sagte: »Es wird schon wieder werden.«

Das bevorstehende Sterben der Tochter durfte genausowenig wie die Diagnose ausgesprochen werden. Die Mutter arbeitete sehr viel, obwohl es genügend andere Menschen für die Pflege gab, sie also Erholungspausen hätte haben können. Sie mußte immer dabeisein, sie überforderte sich absolut. Sie lebte nach dem Motto: Meine Tochter wird wieder gesund, ich muß alles für sie tun. Auch die Nachbarn wußten nichts, sie wußten nur, daß die Tochter schwer krank war. Die Beziehung zu den Nachbarn war dadurch sehr gestört. Die Eltern kapselten sich ab, damit sie sich nicht aus Versehen verplappern konnten. Sie hatten Angst vor Ausgrenzung.

Bei neuen Symptomen durfte in Anwesenheit der Tochter nicht darüber gesprochen werden. Mir wurde dann später gesagt, daß die Ärztin wieder neue Medikamente gegeben und neue Hoffnung gemacht hätte. Ich habe erlebt, daß auch Hausärzte sich mit der Problematik von Aids nicht genügend auseinandersetzen. Aids führt bis heute unweigerlich zum Tod. Die junge Hausärztin hörte nicht auf, immer wieder mit neuen Sachen zu behandeln, obwohl abzusehen war, daß diese junge Frau nicht mehr lange zu leben hatte.

Eine neue Auseinandersetzung fand in meinem Freundeskreis statt, als klar war, daß ich eine Aidspatientin begleite. Ich wurde gefragt, ob ich keine Angst vor Ansteckung hätte, ob ich auch immer Handschuhe tragen würde und, und, und... In der Hospizgruppe, in der ich war, haben wir auch schon eine Aidsbegleitung gehabt, und da durfte in der Familie auch nicht darüber gesprochen werden. Es durfte nicht ausgesprochen werden, daß es eine Aidserkrankung ist. Die Angst in unserer Gesellschaft ist nicht nur die Angst vor dem Tod, sondern auch vor einer tödlichen Krankheit. Aids ist gleich Tod.

Bei Krebs ist es etwas anders, weil Krebserkrankungen durch Medikamente, Chemotherapie und Bestrahlungen beeinflußt werden können, zumindest in den meisten Fällen das Leben verlängert werden kann. In vielen Fällen ist allerdings auch Krebs mit einem Tabu behaftet, dazu mit einer Angst, als wäre Krebs ansteckend.

Bei der Aidsbegleitung war für mich neu, daß auch der Sterbeprozeß tabuisiert wurde, der langsam immer mehr einsetzte. Es wurde verdrängt, als könne man durch ein geöffnetes Fenster den Tod aus dem Zimmer hinausschicken. Die Eltern ließen noch unendlich viel an ihrer Tochter machen, sie ließen sie noch ins Krankenhaus bringen, damit ihr dort in Narkose die Zähne gezogen wurden, weil sie glaubten, daß ihre Tochter Zahnschmerzen hätte.

Zuletzt konnte sie nicht mehr essen, sie hat auch das Essen verweigert. Erst nahm sie den Brei von all den Menschen, die sie begleitet hatten, an. Wir konnten sie füttern, nur bei der Mutter hat sie den Mund nicht aufgemacht. Sie konnte zum

Schluß nicht mehr sprechen. Wenn die Mutter mit ihr sprach, dann hat sie sich auch abgewandt. Sie konnte ihre Mutter nicht mehr anschauen, das war hochdramatisch zu beobachten. Es war ganz furchtbar für die Mutter. Wenn ich hereinkam, schaute sie mich an und signalisierte mir mit den Augen »Guten Tag«, und manchmal konnte sie es auch noch sagen, »Guten Tag, Usha«.

Zu der Mutter hat sie gar nichts mehr gesagt, darunter hat die Mutter sehr gelitten. Das konnten wir als Begleiterinnen auch nicht ändern, auf dem Familienkarussell sind wir als Begleiter nicht drauf, und wir können da auch nicht aufsteigen. Dadurch erreichen wir bei den Menschen, die wir begleiten, eine andere Position. Wir sind oft Dolmetscher zwischen dem kranken oder sterbenden Menschen und den Angehörigen. Bei ihnen ist oft keine Verständigungsmöglichkeit mehr da.

Auch wenn ein Mensch kein Aids hat, aber später nicht mehr reden kann, z. B. bei Krebs, verändert er sich oft. Sein Wesen wird anders, dann verstehen ihn die Angehörigen nicht mehr. Es ist gut, wenn wir Hospizhelfer dann da sind. Wir können vieles erklären, z. B. daß es so nicht gemeint ist, und wir können die Angehörigen trösten.

Zurück zu der Aidsbegleitung. Dieser jungen Frau wurde sogar noch eine Magensonde eingesetzt, weil sie über den Mund nicht mehr ernährt werden konnte. Sie hat den Mund nicht mehr geöffnet, sie konnte es von den Nervensträngen her nicht mehr. Diese Einsetzung der Magensonde, drei Tage vor ihrem Tod, war für mich brutal. Es auszuhalten, zu akzeptieren war schwer, denn als Hospizhelferin bin ich gegen unnötige lebensverlängernde Maßnahmen. Ich komme dann in eine Situation, in der ich nichts sagen kann, weil die Entscheidung bei den Eltern liegt. Für die Eltern war es notwendig, es so zu machen und nicht anders. Es ist nicht meine Aufgabe, und es steht mir auch nicht zu, das zu kritisieren. Ich darf den Eltern nicht sagen: »Das dürfen Sie aber nicht machen!«

Es hat mich in meiner Einstellung zu Leben und Tod sehr berührt. Ich bin dankbar, daß ich eingebunden bin in Supervision und einen Kreis von Freundinnen, die Psychologinnen sind. Dadurch konnte ich viel darüber sprechen, denn es hat viel in mir bewegt. Es ist einfach brutal, dabeizusein, wie ein Mensch über die Magensonde ernährt wird. Wenn Sie dann in das Gesicht dieses Menschen schauen, wo unten in den Magen etwas reingepumpt wird, das ist so furchtbar. Es muß auch ganz unangenehm sein, wenn etwas in den Magen läuft, was nicht über die Kehle kommt. Es fehlt absolut das Gefühl für die Ernährung. Die junge Frau hat das Gesicht so sehr vor Schmerzen verzerrt, es war brutal. Für die Mutter war das auch nicht einfach, sie sprach gleichzeitig mit der Tochter und sagte: »Weißt du, es geht jetzt nicht anders, weil du ja nicht mehr kauen kannst. Es ist gleich vorbei, gleich vorbei, du sollst doch wieder gesund werden!«

Ich habe in die Augen dieser jungen Frau geschaut, sie sah mich oft mit verzweifeltem Blick an, und ich habe immer gedacht, wie muß sie sich fühlen! Wie furchtbar muß es sein in dieser inneren Ausgrenzung. Sie ist ja mit ihren Gefühlen und Bedürfnissen von den pflegenden Eltern nicht ernstgenommen worden. Es wurde immer alles verdrängt. Sie konnte ja auch nicht darüber reden, wie sie sich fühlte. Ich habe von der Frau gehört, die die Begleitung schon weit vor mir aufgenommen hatte, daß die junge Frau auch vorher nicht über ihre Gefühle reden konnte. Ich bin mir da nicht so sicher, ob nicht ein Mensch, der dann merkt, daß es tatsächlich zu Ende geht, doch gerne darüber sprechen würde.

Drei Tage nach Einführung der Magensonde schlief die junge Frau ein. Bis zuletzt konnte man an den Augen sehen, daß sie sich unheimlich freute, wenn ihr Bruder da war. Als sie nicht mehr denken, nicht mehr für sich entscheiden konnte, entschieden die Eltern für sie. Sie meldeten ihre Tochter wieder in der Kirche an. Sie war ausgetreten und hatte auch früher zu ihrem Bruder gesagt, daß sie keine kirchliche Beerdigung möchte. Die Eltern brauchten es und haben die Entscheidung der Tochter nicht respektiert.

Wir Hospizhelferinnen waren alle zur Beerdigung gegangen. Es war eine Beerdigung, die mir unwahrscheinlich zu schaffen gemacht hat. Die Eltern, die Geschwister in diesem unheimlichen Schmerz zu erleben und gleichzeitig auch dieses Tabu drumherum. Außer uns und der Familie war niemand da. Der Pfarrer durfte auch nichts erzählen, er durfte nur sagen, daß die Tochter sehr krank gewesen ist. Er schaute immer wieder hilfesuchend die Eltern an: Habe ich auch nicht zuviel gesagt, war es richtig so? Diese Mauer des Tabus war sehr stark zu spüren.

Es ist so schwierig bei einer Aidsbegleitung, daß nicht drüber gesprochen werden darf, daß es tabuisiert wird. Ein paarmal geschah es, daß mich der Vater in sein Zimmer rief und über seine Not sprach. Manchmal glaubte er es einfach nicht mehr auszuhalten. Gemeinsam mit der Mutter und dem Vater gab es nie ein Gespräch. Die Mutter wollte und konnte es einfach nicht wahrhaben, daß ihre Tochter stirbt. Sie hat es immer wieder verdrängt. Ich habe in der Trauerzeit noch einige Male mit ihr gesprochen, sie konnte auch in der Trauer einfach nicht aufhören zu weinen.

Wir Hospizhelfer werden gerufen, gehen nicht von allein in ein Haus. Wenn uns ein Patient oder ein Angehöriger ruft, dann können wir auch über das, was geschieht, sprechen. Es ist offener, und es entsteht zu allen eine Beziehung. Ich habe auch schon Menschen begleitet, die überhaupt nicht offen waren, mit denen habe ich über ihre letzten beruflichen Ereignisse gesprochen. Daraus konnte man aber sehr stark ablesen, was er mir eigentlich damit sagen wollte. Die Symbolsprache taucht immer wieder auf, besonders bei Menschen, die zwar fühlen, daß sie bald sterben werden, aber doch in diesem Tabu verhaftet sind.

Ich freue mich, daß Sie dieses Buch schreiben, weil ich immer wieder merke, wie groß die Verdrängung des Gedankens an den Tod ist, wie wenig Menschen bereit sind zu verstehen, daß ich erst richtig lebe, wenn ich weiß, daß ich irgendwann auch sterben muß. Ich fühle auch immer meine Hilflosigkeit. Wie soll ich es einem Menschen rüberbringen, welche Qualität es gibt, welche Befreiung es ist, zu wissen, daß es nicht selbstverständlich ist, aus dem Haus zu gehen und auch wieder gesund zurückzukommen. Daß es nicht selbstverständlich ist, daß ich morgens aufwache, daß ich atme, daß ich lebe, ja, daß ich einfach dankbar sein kann für jede Sekunde, die ich wahrnehmen darf, die ich bewußt leben darf. Ich weiß nicht, wie ich diesen Tabuschalter in den Köpfen der Menschen umlegen kann. Ich mache einfach auf meine Weise weiter.

Wenn ich auf Seminaren bin, selbst wenn sie mit dem Thema nichts zu tun haben, stelle ich mich als Hospizhelferin vor, und ich merke, es löst immer etwas aus. Es kommt immer ein Gespräch auf, und ich hoffe auf das Schneeballsystem. Ich hoffe, daß immer mehr Menschen die Qualität auch begreifen, in sich spüren, wieviel schöner und intensiver das Leben ist, wenn ich akzeptiere, daß ich einmal sterbe. Wenn ich weiß, daß das Sterben ein Übergang ist, denn es hat noch niemand erzählt, wie sich das anfühlt zu sterben. Ich finde es auch real, ein Stück Angst zu haben und am Leben zu hängen. Ich finde es aber auch wichtig, zu wissen, daß es nicht selbstverständlich ist zu leben. Ich sterbe wahrscheinlich dann, wenn ich gar nicht damit rechne, vielleicht habe ich auch ein langes Sterben durch eine Krankheit. Es hat neulich eine Hospizhelferin etwas Nettes gesagt, und das hat mich sehr bewegt. Sie sagte:»Ich möchte nicht vom Tod überfallen werden. Ich möchte mich auf den Tod vorbereiten können. Ich möchte Abschied nehmen können.« Mir ist da noch einmal klargeworden, wie viele Menschen es sich wünschen, vom Tod überfallen zu werden. Umfallen oder nicht mehr wach werden. Ich höre es sehr häufig von älteren und alten Menschen. Diese Hospizhelferin war schon 70 Jahre alt.

21. Oktober 1996

Die Begleitung der alten Dame ist zu Ende. Ich habe sie in der letzten Nacht begleitet, ihr Sterben neun Stunden miterlebt. Dabei habe ich erfahren, daß der Sterbeprozeß schwer ist. Ja, es ist härteste Arbeit für den Menschen. Auch ist es wichtig für den Begleiter, dabei die angemessene Form von Distanz und Nähe zu leben, und zwar die des Sterbenden und nicht seine eigene. Meine Aufgabe ist dasein und aushalten, auch die eigenen inneren Prozesse, die in diesem Moment angesprochen werden. Auch wenn der Mensch sich hingibt in den Prozeß, so muß er ihn doch so durchleben, wie er sein Leben gelebt hat oder auch versäumt hat zu leben. Erst der allerletzte Atemzug geht leicht. Also, wenn Menschen erzählen: Er / sie ist leicht gestorben, kann es sich nur um den letzten Augenblick handeln. Auch an diesem Spruch möchte ich arbeiten, ich möchte auch da enttabuisieren.

Hospizhelfer haben gelernt, nach Möglichkeit im letzten Augenblick dabeizusein. Ich habe jetzt gelernt, wie wichtig es ist, die nächsten Angehörigen vorher mitzubegleiten, sie darauf vorzubereiten, damit sie alleine die letzte kurze Zeit miterleben und auch gut durchstehen können.

Es ist erfüllend für mich gewesen, der Tochter in den letzten zwei Stunden den Platz allein zu überlassen. In dem Bewußtsein, sie hat jetzt die Kraft dazu. Ich bin noch sehr erfüllt von den vier Monaten, in denen ich eine wunderbare Frau begleiten durfte. Wir haben uns ergänzt und uns gegenseitig beschenkt. Es ist auch in mir ein leerer Platz, der sich erst allmählich wieder durch die beglückende Erinnerung füllt.

Gedanken zu Sterben und Tod

Episode (Tanka)
Nur ein Abschnitt ist
unser Leben im »Hier und Jetzt«,
überschätz es nicht.
Was danach kommt weiß keiner,
wir müssen es erwarten.

BRIGITTE BOHNHORST

Immer wenn ein Mensch stirbt, wird ein ganzes Universum zerstört.
Menschliche Wesen sind unersetzlich; (…)
Menschen können das Leben genießen; sie können leiden und sie können dem Tod bewußt ins Auge sehen. Sie haben Bewußtsein, sie haben ein Ich, eine Seele.

JOSEF POPPER-LYNKEUS

Nur menschliche Wesen gestalten ihr Verhalten im Wissen davon, was geschah, bevor sie geboren wurden, und in einem Vorbegriff davon, was nach ihrem Tode geschehen wird: so finden nur menschliche Wesen ihren Weg mit Hilfe eines Lichtes, das mehr erhellt als den kleinen Platz, auf dem sie stehen.

PETER B. MEDAWAR UND JEAN S. MEDAWAR

Ich lebe nicht nur, sondern ich weiß, daß ich lebe. Ich weiß überdies, daß ich nicht für immer leben werde, daß der Tod unausweichlich ist. Ich besitze die Eigenschaften des Selbstbewußtseins und des Todesbewußtseins.

THEODOSIUS DOBZHANSKY

Die Vergegenwärtigung des Todes – die Drohung und die Unvermeidbarkeit des Todes – waren eine der großen Entdeckungen, die zum vollen Selbstbewußtsein führten. (...)

Ich finde, daß selbst der Tod ein positives, wertvolles Element im Leben darstellt. Ich glaube, wir sollten das Leben und unser eigenes Leben sehr hoch bewerten, aber doch irgendwie mit der Tatsache zurechtkommen, daß wir sterben müssen; und wir sollten einsehen, daß es gerade die faktische Gewißheit des Todes ist, die viel zum Wert unseres Lebens beiträgt, vor allem zum Wert des Lebens anderer.

SIR KARL R. POPPER

Ist der Tod nur ein Schlaf,
wie kann dich das Sterben erschrecken?
Hast du es je noch gespürt,
wenn du des Abends entschliefst?

FRIEDRICH HEBBEL, GEDICHTE

Auf eine Weise werden wir geboren,
auf tausendfache sterben wir.

SERBISCHES SPRICHWORT

Zweimal kann niemand,
einmal muß jeder sterben.

RUSSISCHES SPRICHWORT

Tod! eine Welt von Schmerzen
liegt in diesem Wort.

CHRISTIAN ANDERSEN

Der Tod ist ein schwarzes Kamel,
das vor jeder Tür niederkniet.

TÜRKISCHES SPRICHWORT

Der Tod ist nicht für schlimm zu achten,
dem ein gutes Leben vorangegangen.

AUGUSTINUS

Der Tod ist das Ende der Mühsal,
und wen er heut' trifft,
der braucht ihn morgen nicht zu scheuen.

FRIEDRICH RÜCKERT

Der Tod hat keinen Kalender.

ALTES SPRICHWORT

Der Tod, welcher der Hinfälligkeit zuvorkommt,
kommt zur besseren Zeit, als der, welcher ihr ein Ende
setzt.

LABRUÈRE

Der Tod ist gewiß, doch ungewiß die Stunde.
(Mors certa, hora incerta.)

SPRICHWORT

Abschiednehmen ist immer ein Stück Tod.

FRANZÖSISCHES SPRICHWORT

Es ist mir, als kennte man nicht das ganze Leben,
wenn man nicht den Tod gewissermaßen in den Kreis
einschließt.

WILHELM VON HUMBOLDT

Aller Menschen harrt der Tod;
und keinen gibt's auf Erden,
der untrüglich weiß,
ob ihn der nächste Morgen noch am Leben trifft.

EURIPIDES

Arm ist, wer den Tod wünscht,
aber ärmer, wer ihn fürchtet.

SPRICHWORT

Was soll der fürchten,
der den Tod nicht fürchtet.

FRIEDRICH SCHILLER

Es ist ungewiß, wo uns der Tod erwartet;
erwarten wir ihn überall.

MICHEL MONTAIGNE

Zusammen Hand in Hand wir gehn,
wie lange schon, wie kurz die Zeit!
Der Eltern Tod hab ich gesehn,
nun bin ich selbst zum Tod bereit.

PAUL ERNST

Was wäre das Leben ohne Tod?
Wäre der Tod nicht, es würde keiner das Leben schätzen,
man hätte vielleicht nicht einmal einen Namen dafür.

JAKOB BOSSHART

Wenn das Haus fertig ist,
kommt der Tod.

TÜRKISCHES SPRICHWORT

Wer das Leben liebt und den Tod nicht scheut,
geht fröhlich durch die sinkende Zeit.

THEODOR KÖRNER

Der Tod ist nichts Schreckliches;
nur die fürchterliche Vorstellung vom Tode
macht ihn furchtbar.

EPIKTET

Jeder Schritt im Leben
ist ein Schritt dem Tode entgegen.

CASIMIR DELAVIGNE

Man lobt im Tode manchen Mann,
der Lob im Leben nie gewann.

SPRICHWORT

Der Sonne und dem Tode
kann man nicht unverwandt ins Antlitz schauen.

LA ROCHEFOUCAULD

Der Geschmack des Todes ist auf meiner Zunge,
ich fühle etwas, das nicht von dieser Welt ist.

WOLFGANG AMADEUS MOZART

Der Panther
Im Jardin des Plantes, Paris

Sein Blick ist vom Vorübergehn der Stäbe
so müd geworden, daß er nichts mehr hält.
Ihm ist, als ob es tausend Stäbe gäbe
und hinter tausend Stäben keine Welt.

Der weiche Gang geschmeidig starker Schritte,
der sich im allerkleinsten Kreise dreht,
ist wie der Tanz von Kraft um eine Mitte,
in der betäubt ein großer Wille steht.

Nur manchmal schiebt der Vorhang der Pupille
sich lautlos auf – Dann geht ein Bild hinein,
geht durch der Glieder angespannte Stille –
und hört im Herzen auf zu sein.

RAINER MARIA RILKE

Glossar medizinischer Fachbegriffe

Astrozyten (Makroglia): große, sternförmige Zellen mit zahlreichen Zellfortsätzen, die mit Nervenzellen und Blutgefäßen in Verbindung stehen

CT, Computertomographie: röntgendiagnostisch; computergestütztes bildgebendes Verfahren nach dem Prinzip der Tomographie

Empathie: einfühlendes Verständnis; wichtig z.B. in der Arzt-Patient-Beziehung

emphatisch: mit Nachdruck, eindringlich

Eutonie: Körpertherapie, körperliche Selbsterfahrung im passiven Erfahren von somatischen Vorgängen zum Zweck einer engeren Beziehung zum eigenen Körper

Implantation: Einbringen eines Implantats in den Körper

induziert: durch äußere – physische oder psychische – Umstände herbeigeführt

Infusion: Einfließenlassen von Flüssigkeiten in den Körper, meist in eine Vene (i. v.)

Injektion: Einspritzung

internus, int. (lat.): innen gelegen, der innere

i. m.: intramuskulär; in einen Muskel hinein

i. v.: intravenös; in eine Vene

kurativ: heilend, auf Heilung ausgerichtet

Medikation: Arzneiverordnung, -verschreibung, -verabreichung

multipel: vielfach

Neurofibromatose (Morbus Recklinghausen): ist eine Erbkrankheit mit sehr unterschiedlichen Krankheitszeichen, von der in Deutschland ca. 35 000 Menschen betroffen sind. Die Neurofibromatosen stehen für Krankheiten, die die häufigste ererbte Prädisposition für Tumorbildung darstellen. Sie sind nicht ansteckend. Es handelt sich dabei um gutartige Geschwülste bestimmter Nerven- und Bindegewebszellen. Sie können auf oder unter der Haut und in jedem Körpergewebe erscheinen. Sie entwickeln sich in der Regel während der Pubertät, können aber in jeder Altersstufe auftreten. Unkontrolliertes Wachstum dieser Tumoren bedrängt Organe; es treten Fehlbildungen der Wirbelsäule (Skoliose) auf, auch Gesichtsentstellungen. Lern- und Verhaltensstörungen im Kindesalter, die zu Schulversagen und sozialem Abgleiten führen, sind ebenso Bilder dieser Krankheiten wie das Auftreten von Hirntumoren oder Rückenmarkstumoren, die zur Erblindung, Ertaubung oder Querschnittslähmung führen können. Aber es gibt auch eine Vielzahl von Betroffenen, die nur leichte Anzeichen der Erkrankung aufweisen.

Onkologie: Teilgebiet der inneren Medizin, das sich mit der Entstehung und Behandlung von Tumoren und tumorbedingten Krankheiten beschäftigt

Palliativa (lat. palliare: mit dem Mantel bedecken): Mittel, die gegen die Symptome, aber nicht gegen die Ursachen einer Erkrankung wirken

parenteral: unter Umgehung des Magen-Darm-Kanals; d.h. durch subkutane, i.m. oder i.v. Injektion bzw. Infusion; z. B. parenterale Ernährung

Profession: Beruf, Gewerbe

Prognosen: Vorhersage einer zu erwartenden Entwicklung

auf Grund kritischer Beobachtung des gegenwärtigen Standes

separiert: absondern, ausschließen

Spiegel: 1) Substanzgehalt einer Körperflüssigkeit (eines Gewebes), z. B. Blutzuckerspiegel
2) Flüssigkeitsspiegel

Sputum: Auswurf, Bronchialsekret

Venenkatheter: in das venöse Gefäßsystem eingeführter Katheter

Anschriften

Palliativstationen:

Fachkrankenhaus Marienstift, Clara-Zetkin-Str. 72
08340 Schwarzenberg – Tel. 03 37 74 / 2 32 44

Krankenhaus Spandau, Lynarstr. 12
13353 Berlin – Tel. 0 30 / 33 60 73 66

Krankenhaus Woltersdorf, Schleusenstr. 50
15569 Woltersdorf – Tel. 0 33 62 / 49 12

Klinikum Neubrandenburg, Dr.-Salvador-Allende-Str. 30
17033 Neubrandenburg – Tel. 03 95 / 7 60

Klinikum Dr. Hanken, Harsefelder Str. 8
21680 Stade – Tel. 041 41 / 60 41 31

Allgemeines Krankenhaus Barmbeck, Rübenkamp 148
22307 Hamburg – Tel. 0 40 / 63 85 38 52

Klinikum der Medizinischen Universität zu Lübeck,
Ratzeburger Allee 160
23538 Lübeck – Tel. 04 51 / 6 00 22 77

Katharinenhospiz am Park, Mühlenstr. 1
24937 Flensburg – Tel. 04 61 / 50 32 30

St.-Joseph-Hospital, Wiener Str. 1
27568 Bremerhaven – Tel. 04 71 / 4 80 53 76

Evangelisches Krankenhaus Weende, An der Lutter 24
37075 Göttingen – Tel. 06 61 / 6 03 42 39

Elisabeth-Krankenhaus GmbH, Röntgenstr. 10
45661 Recklinghausen – Tel. 0 23 61 / 60 12 78

Palliativstation der Chirurgischen Universitätsklinik Köln,
Joseph-Stelzmann-Str. 20
50931 Köln – Tel. 02 21 / 42 36

Kreiskrankenhaus Marienhöhe, Mauerfeldchen 25
52146 Würselen – Tel. 0 24 05 / 62 32 79

Robert-Janker-Klinik, Baumschulallee 12 – 14
53115 Bonn – Tel. 02 28 / 72 91 – 0

Malteser-Krankenhaus, Von-Hompesch-Str. 1
53123 Bonn – Tel. 02 28 / 64 81 – 0

Krankenhaus Maria Stern, Am Anger 1
53424 Remagen – Tel. 0 26 42 / 2 81

Herz-Jesu-Krankenhaus, Friedrich-Wilhelm-Str. 29
54290 Trier – Tel. 06 51 / 94 60

St.-Elisabeth-Krankenhaus, Friedrich-Ebert-Str. 59
56564 Neuwied – Tel. 0 26 31 / 80 72 01

Krankenhaus Nordwest, Steinbacher Hohl 2 – 26
60488 Frankfurt – Tel. 0 69 / 7 60 11

St.-Michael-Krankenhaus, Kühlweinstr. 103
66333 Völklingen – Tel. 0 68 98 / 1 74 39

Marienhospital, Böheimstr. 37
70199 Stuttgart – Tel. 07 11 / 64 89 26 76

Paul-Lechler-Krankenhaus, Paul-Lechler-Str. 24
72076 Tübingen – Tel. 0 7 071 / 20 60

Stationäre Hospize:

Katharinen-Hospiz am Park, Mühlenstr. 1
24937 Flensburg – Tel. 04 61 / 50 32 30

Hospiz Mutter der Barmherzigkeit, Gesellenhausgasse 1
33098 Paderborn – Tel. 0 52 51 / 2 90 60

Hospiz am Evangelischen Krankenhaus Düsseldorf, Kirchfeldstr. 35
40217 Düsseldorf – Tel. 02 11 / 9 19 – 49 00

Hospiz St. Christopherus, Rathausstr. 19
41061 Mönchengladbach – Tel. 0 21 61 / 2 17 37

Cosmas und Damian Hospiz, Laarmannstr. 14 – 20
45359 Essen – Tel. 02 01 / 6 09 11 50

Hospiz zum hl. Franziskus, Röntgenstr. 39
45661 Recklinghausen – Tel. 02361/60930

Elisabeth-Hospiz, St.-Vincenz-Str. 6
45711 Datteln – Tel. 02363/108707

Malteser Hospiz St. Raphael, Schrecker Str. 16
47166 Duisburg – Tel. 0203/55549–0

Hospiz für Palliative Therapie, Pater-Dionysius-Str. 14
50767 Köln-Heimersdorf – Tel. 0221/795216

Haus Hörn, Johannes-v.-d.-Driesch-Weg 4
52074 Aachen – Tel. 0241/810457

St.-Elisabeth-Hospiz, Uhmichbach 7
53797 Lohmar – Tel. 02246/1060

Hospiz Stella Maris, Bruchgasse 14 a
53894 Mechernich – Tel. 02443/4075

St.-Elisabeth-Hospiz, Uferstr. 7
57368 Lennestadt-Altenhundem – Tel. 02723/5037–38

Evangelisches Hospital für palliative Medizin, Rechneigrabenstr. 12
60311 Frankfurt – Tel. 069/299879–0

Franziskus-Haus, Sandweg 57
60316 Frankfurt – Tel. 069/244368–0

Hospiz Louise, Kaiserstr. 51
69115 Heidelberg – Tel. 06221/526–520

Hospiz-Dienst Stuttgart, Stafflenberg 22
70174 Stuttgart – Tel. 0711/2374–153

Hospiz Sonnenlicht, Buchenweg 25
76307 Karlsbad – Tel. 07202/8625

Haus »Maria Frieden«, Auf der Hub 1
77784 Oberhamersbach – Tel. 07837/1301

Johannes-Hospiz, Romanstr. 93
80639 München – Tel. 089/1793164

Hospizbewegung

Ansprechpartner auf Bundesebene:

BAG Hospiz, Steinweg 54
06110 Halle / Saale – Tel. 03 45 / 2 03 19 52

Beratungsstelle Hospiz (mit Auskünften über Hospizgruppen),
Domsheide 2
28195 Bremen – Tel. 04 21 / 32 40 72; Fax 04 21 / 32 40 74

Deutsche Hospizhilfe e. V., Reit 25
21244 Buchholz – Tel. 0 41 81 / 3 88 55

Förderverein Deutsche Hospizhilfe, Sigrid Sadowski, Reit 25
21244 Buchholz – Tel. 0 41 81 / 3 88 55

Bildungs-Werk (IGSL Bingen), Im Rheinblick 16
55411 Bingen / Rh. – Tel. 0 67 21 / 1 03 18

Omega, Kasseler Schlagd 19
34346 Hannoversch Münden – Tel. 0 55 41 / 53 56

Deutsche Gesellschaft für Palliativmedizin e. V. (DPG),
Joseph-Stelzmann-Str. 9
50924 Köln – Tel. 02 21 / 4 78 – 48 00

Kirchliche Ansprechpartner auf Bundesebene:

Gemeindekolleg der VELKD (Projekt »Sterbende begleiten«),
Berlinstr. 4–6
29223 Celle – Tel. 0 51 41 / 5 30 14

Diakonisches Werk der EKD (Referat Hospiz), Stafflenbergstr. 26 / 28
70184 Stuttgart – Tel. 07 11 / 21 59 – 4 84

Deutsche Bischofskonferenz, Dr. Valentin Doering, Domstr. 2
96049 Bamberg – Tel. 0951 / 5 72 84

Deutscher Caritasverband, AG Hospiz, Karlstr. 40
79104 Freiburg – Tel. 07 61 / 2 00-0

Malteser Werke e. V., Mechthild Schulten, Steinfelder Gasse 9
50670 Köln – Tel. 02 21 / 1 60 29 45

Forschungs- und Bildungseinrichtungen auf Bundesebene:

Bildungswerk der AMEG, Gertrud Reinhard,
Joseph-Stelzmann-Str. 9 d
50931 Köln – Tel. 02 21 / 4 78 – 33 76

Gemeindekolleg der VELKD, Berlinstr. 4 – 6
29223 Celle – Tel. 0 51 41 / 5 30 14

Hospiz-Bildungs-Werk der ISGL, Monika Schulte-Beckhausen,
Im Rheinblick 7
55411 Bingen / Rh. – Tel. 06 71 / 1 03 18

Hospizkolleg, Dieter Tunkel, Hammersbecker Str. 228
28755 Bremen – Tel. 04 21 / 66 06 15 31

Malteser Hospiz-Bildungsstätte, Hildegard Geyer,
Priegerpromenade 7 d
55543 Bad Kreuznach – Tel. 06 71 / 24 25

Zentrum für Hospiz-Forschung, Prof. Dr. Christoph Student,
Blumhardtstr. 2
30625 Hannover – Tel. 05 11 / 53 01 – 1 24 und Tel. 0 76 33 / 94 89 97

Arbeitsgemeinschaften auf Landesebene:

LAG Hospiz Berlin, Robert-Koch-Platz 7
10115 Berlin – Tel. 0 30 / 2 83 25 72

Diakonisches Werk (AG Hospiz), Kanalufer 48
24768 Rendsburg – Tel. 0 43 31 / 59 31 90

Hospizverband Schleswig-Holstein, Mühlenstr. 1
24937 Flensburg – Tel. 04 61 / 50 32 30

LAG Niedersachsen – Bremen, Walter-Meckauer-Str. 7
26131 Oldenburg – Tel. 04 41 / 2 29 13 10

Diakonisches Werk (AK Hospiz), Lenaustr. 41
40470 Düsseldorf – Tel. 02 11 / 6 39 82 16

ALPHA Westfalen, Salzburgweg 1
48145 Münster – Tel. 02 51 / 23 08 48

ALPHA Rheinland, Von-Hompesch-Str. 8
53123 Bonn – Tel. 02 28 / 74 65 47

LAG Rheinland-Pfalz, Holzhofstr. 8
55116 Mainz – Tel. 06131 / 2 82 62 78

LAG Nordrhein-Westfalen, Pfarrgasse 6
57368 Lennestadt – Tel. 0 27 23 / 51 27

Bayerischer Hospizverband, Tiergartenstr. 19
96123 Litzendorf – Tel. 0 95 05 / 18 10

Verein der Mittelfränkischen Hospizgruppen, Badstr. 3
90762 Fürth – Tel. 09 11 / 7 58 00

Arbeitsgruppe Hospiz im Evangelischen Regionalverband,
Reinhard Steinhilber, Postfach 100750
60007 Frankfurt – Tel. 0 69 / 2 16 53 30

Kirchliche Koordinierungsstellen in Landeskirche/Bistum:

Hospizbeauftragter der Brem. Evangelischen Kirche, Dieter Tunkel,
Hammersbecker Str. 228
28755 Bremen – Tel. 04 21 / 66 06 15 31

Diakonisches Werk Hannover, Hartwig Helfritz, Ebhardtstr. 3 a
30159 Hannover – Tel. 05 11 / 16 04 – 2 54

Diakonisches Werk Pfalz, Rosemarie Römhild, Roßmarktstr. 3 a
67346 Speyer – Tel. 0 62 32 / 13 05 – 39

Diakonisches Werk Württemberg, Heinz Grözinger,
Heilbronner Str. 180
70191 Stuttgart – Tel. 07 11 / 16 56 – 2 00

Diakonisches Werk Rheinland, Wolfram Fröhlich, Lenaustr. 41
40470 Düsseldorf – Tel. 02 11 / 63 98 – 2 16

Diakonisches Werk Schleswig-Holstein, Wolf-Dietmar Szepan,
Kanalufer 48
24768 Rendsburg – Tel. 0 43 31 / 5 93 – 1 90

Caritasverband f. d. Diözese Speyer, Annette Nicola,
Obere Langgasse 2
67346 Speyer – Tel. 0 62 32 / 2 09 – 1 57

Hospizverein im Bistum Hildesheim, Ulrich Domdey,
Domshof 18–21
31134 Hildesheim – Tel. 0 51 21 / 30 73 68

Sonstige Anschriften:

Deutsche Krebsgesellschaft e. V., Paul-Ehrlich-Str. 41
60596 Frankfurt – Tel. 0 69 / 63 00 96 – 0

Arbeitsgruppe »Zu Hause sterben«, Prof. J.-C. Student,
Evangelische Fachhochschule Hannover, Blumhardtstr. 2
30625 Hannover – Tel. 0 76 33 / 94 89 97

Deutsche Herzstiftung e. V., Vogtstr. 50
60322 Frankfurt – Tel. 0 69 / 95 51 28 – 0

Spitzenverbände der freien Wohlfahrtspflege:

Arbeiterwohlfahrt, Oppelner Straße 130
53119 Bonn – Tel. 02 28 / 6 68 50

Deutscher Caritasverband, Karlstr. 40
79104 Freiburg – Tel. 07 61 / 20 00

Paritätischer Wohlfahrtsverband, Heinrich-Hoffmann-Str. 3
60528 Frankfurt – Tel. 0 69 / 6 70 60

Deutsches Rotes Kreuz, Friedrich-Ebert-Allee 71
53113 Bonn – 02 28 / 54 10

Diakonisches Werk EKD e. V., Stafflenbergstr. 76
70184 Stuttgart – Tel. 07 11 / 2 15 90

Zentralwohlfahrtsstelle der Juden in Deutschland, Hebelstr. 6
60318 Frankfurt – Tel. 0 69 / 9 44 37 10

Teilen Sie Adressenänderungen bitte der Autorin mit. Vielen Dank.

Quellen und weiterführende Literatur

Albrecht, Elisabeth / Orth, Christel / Schmidt, Heide: Hospizpraxis.
  Herder, Freiburg im Breisgau 1995

Ariès, Philippe: Geschichten des Todes.
  Deutscher Taschenbuch Verlag, München 1982

Berkèwicz, Ulla: Josef stirbt.
  Suhrkamp, Frankfurt am Main 1985

Bohnhorst, Brigitte: Leben mit chronischem Schmerz.
  Deutscher Taschenbuch Verlag, München, 1997

Canacakis, Jorgos: Ich sehe deine Tränen.
  Kreuz, Stuttgart 1996

D'Arcy, Paula: Wenn ein naher Mensch in Trauer ist.
  Herder, Freiburg im Breisgau 1993

Eisenberg, Götz / Gronemeyer, Marianne (Hrsg.): Der Tod im Leben.
  Focus, Gießen 1995

Franck, Barbara: Trotzdem Leben – Reportagen über die Angst.
  Hoffmann und Campe, Hamburg 1983

Haas, Gisela: Ich bin ja so allein – Kranke Kinder zeichnen und
  sprechen über ihre Ängste.
  Otto Maier, Ravensburg 1981

Ide, Helga: Mein Kind ist tot –
  Trauerarbeit in einer Selbsthilfegruppe.
  Rowohlt Taschenbuch Verlag, Reinbek bei Hamburg 1988

Kübler-Ross, Elisabeth: Was können wir noch tun?
  GTB, Gütersloh 1994

Kübler-Ross, Elisabeth: Über den Tod und das Leben danach.
  »Die Silberschnur«, Neuwied 1994

Lamerton, Richard: Sterbenden ein Freund sein.
  Herder, Freiburg im Breisgau 1991

Lambley, Peter: Psyche und Krebs.
Rowohlt Verlag, Hamburg 1989

Loriot, Noelle: Leben will ich.
Droemer Knaur, München 1979

Mosenthin, Elfriede: Nachtschwester auf der Endstation.
Rosenheimer Verlagshaus A. Förg, Rosenheim 1989

Noll, Peter: Diktate über Sterben und Tod.
Pendo, Zürich 1984

Nuland, Sherwin B.: Wie wir sterben.
Kindler, München 1994

Popper, Karl R. / Eccles, John C.: Das Ich und sein Gehirn.
R. Piper, München 1987

Pschyrembel Klinisches Wörterbuch 257. Auflage.
Walter de Gruyter, Berlin 1994

Rilke, Rainer Maria: Neue Gedichte.
Insel, Frankfurt am Main 1974

Rudolph, Marguerita: Wie ist das, wenn man tot ist?
Mit Kindern über das Sterben reden.
Otto Maier, Ravensburg 1980

Rýzl, Milan: Der Tod ist nicht das Ende.
Ariston, Genf 1995

Saunders, Cicely: Hospiz und Begleitung im Schmerz.
Herder, Freiburg im Breisgau 1995

Schreiber, Hermann: Das gute Ende.
Rowohlt Verlag, Hamburg 1996

Silbernagl, Heide / Strätling-Tölle, Helga:
Den Lebensweg zu Ende gehen.
Deutscher Taschenbuch Verlag, München 1995

Student, Johann-Christoph: Im Himmel welken keine Blumen.
Herder, Freiburg im Breisgau 1993

Tausch, Anne-Marie: Gespräche gegen die Angst.
Rowohlt Taschenbuch Verlag, Reinbek bei Hamburg 1995

Tausch, Anne-Marie und Reinhard: Sanftes Sterben.
  Rowohlt Taschenbuch Verlag, Reinbek bei Hamburg 1994

Thomann, Christoph / Schulz von Thun, Friedemann:
  Klärungshilfe.
  Rowohlt Taschenbuch Verlag, Reinbek bei Hamburg 1995

Viseeux, Dominique: Das Leben nach dem Tod.
  Diederichs, München 1995

Wörterbuch der Medizin.
  Deutscher Taschenbuch Verlag, München 1995

Zachert, Christel und Isabell:
  Wir treffen uns wieder in meinem Paradies.
  Lübbe, Bergisch Gladbach 1995

Zenz, Michael / Jurna, Ilmar (Hrsg.): Lehrbuch der Schmerztherapie.
  Wissenschaftliche Verlagsgesellschaft, Stuttgart 1993

Zickgraf, Cordula: Ich lerne leben, weil du sterben mußt.
  Kreuz, Stuttgart o. J.

Zitate von A – Z.
  Zweiburgen Verlag, Weinheim o. J.

Broschüren:

1. »Die letzten Wochen und Tage«
   Kostenlos zu beziehen über Krebsverband Baden-Württemberg
   (siehe Anschriften)
2. »Helft Kindern den Tod zu begreifen«
   Fachverlag des deutschen Bestattungsgewerbes GmbH,
   Schirmerstr. 76, 40545 Düsseldorf
3. »Trauer über den Tod eines Kindes«, Hilfen für verwaiste Eltern
   »Ohne Schmerzen sterben«. Die orale Morphin-Therapie in der
   Hand des Hausarztes
   Prof. Dr. med. Johann-Christoph Student, Arbeitsgruppe »Zu
   Hause sterben« an der Evangelischen Fachhochschule Hannover,
   Blumhardtstr. 2, 30625 Hannover
4. »Die Pflegeversicherung«
   Bundesministerium für Arbeit und Sozialordnung
   Referat Öffentlichkeitsarbeit, Postfach 500, 53105 Bonn (kostenlos)

5. »Pflegen Zu Hause« Ratgeber für die häusliche Pflege
   (kostenlos), Anschrift siehe Anmerkung zu 4.
6. »Peters Abschied – Abschied von Peter«
   Vollständiger Text zu beziehen über
   Anita Lammermann, Bahnhofstr. 5, 49406 Drentwede

Lebenshilfe
im Fischer Ratgeber – Programm

George R. Bach/
Herb Goldberg
**Keine Angst
vor Aggression**
Die Kunst der
Selbstbehauptung
Band 3314

George R. Bach/
Peter Wyden
Streiten verbindet
Spielregeln für
Liebe und Ehe
Band 3321

Dietrich Bäuerle
**Im Kampf gegen
die Drogensucht**
Hilfen für Eltern
und ihre Kinder
Band 10378

Günther Gauß
**Heilmeditationen
für Krebskranke**
Band 10746

Alois Hicklin
**Das menschliche
Gesicht der Angst**
Band 11753

Maja Langsdorff
**Die heimliche
Sucht, unheimlich
zu essen**
Band 12792

Else Müller
**Auf der Silberlicht-
straße des Mondes**
Autogenes Training
mit Märchen
zum Entspannen
und Träumen
Band 3363

Jutta Schütz
**Ihr habt mein
Weinen nicht
gehört**
Wie man suizidge-
fährdeten Jugend-
lichen helfen kann
Band 11964

Reinhart Stalmann
Psychosomatik
Ein Therapeut
erklärt Fälle aus
der Praxis
Band 3332

Lars Strömsdörfer
**Wenn die Seele
Ausgang hat**
Rund um den Schlaf
Band 11069

Beate Wiese
**Ärztliche
Kunstfehler**
Band 12395

Fischer Taschenbuch Verlag

Ratgeber
für das Älterwerden

Fischer Taschenbuch Verlag

Ratgeber für Frauen

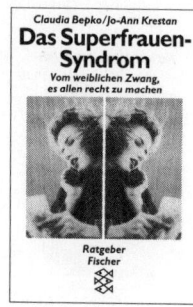

Cor Anneese/
Tino Pol
**Wege aus
der Phobie**
Selbsthilfe
bei Ängsten
Band 11883

George R. Bach/
Peter Wyden
Streiten verbindet
Spielregeln für
Liebe und Ehe
Band 3321

Claudia Bepko/
Jo-Ann Krestan
**Das Superfrauen-
Syndrom**
Vom weiblichen
Zwang, es allen
recht zu machen
Band 12268

Anja Borstelmann/
Brigitte Huber
**Frauen gehen
vor Gericht**
Band 13465

Harriet Braiker
**Giftige
Beziehungen**
Wenn andere uns
krank machen
band 12947

Deborah Clarke
Betrifft: Beruf
Überlebens-
strategien für
Frauen
Band 13201

Katharina Dalton
**Mütter nach
der Geburt**
Wege aus der
Depression
Band 10955

Elizabeth Davis
**Muster der
Sinnlichkeit**
Die Zyklen weib-
licher Sexualität
Band 13200

Herbert Freuden-
berger/ Gail North
**Burn-out
bei Frauen**
Über das Gefühl des
Ausgebranntseins
Band 12272

Jürgen Hesse/
Hans Chr. Schrader
**Erfolgreiche Be-
werbungsstrate-
gien für Frauen**
Band 12371
Krieg im Büro
Konflikte am
Arbeitsplatz und
wie man sie löst
Band 12372

Fischer Taschenbuch Verlag